XIANDAI CHUANMEI JINGYING GUANLI YANJIU

现代传媒经营管理研究

甘忆辛 樊 琬 著

海洋出版社

2024年·北京

图书在版编目（CIP）数据

现代传媒经营管理研究 / 甘忆辛 , 樊琬著 . —北京：
海洋出版社 , 2024.5
　ISBN 978-7-5210-1253-8

　Ⅰ . ①现… Ⅱ . ①甘… ②樊… Ⅲ . ①传播媒介－经
营管理－研究 Ⅳ . ① G206.2

中国版本图书馆 CIP 数据核字（2024）第 076443 号

责任编辑：刘　斌
责任印制：安　淼

海洋出版社　出版发行

http://www.oceanpress.com.cn

北京市海淀区大慧寺路 8 号　邮编：100081
涿州市般润文化传播有限公司印刷　新华书店经销
2024 年 5 月第 1 版　2024 年 5 月第 1 次印刷
开本：787mm×1096mm　1/16　印张：12.75
字数：202 千字　定价：88.00 元
发行部：010-62100090　总编室：010-62100034

前　言

　　传媒经营管理学是一门交叉学科，它所涉及的学科有艺术学、经济学、管理学、市场营销学、新闻学和传播学等。同时，它也是一门应用学科，理论性和实践性较强，不仅借鉴了管理学和市场学等学科的相关理论，还要基于市场经济条件下传媒领域的实践，去研究媒介经营管理的特点和规律等问题。

　　在 20 世纪 90 年代，传媒经营管理学伴随着信息产业观念被引入我国的传媒业。虽然我国有着丰富的传媒经营管理实践，但是研究传媒经营管理的相关资料数量却显得不足。近些年来，传媒经营管理越来越受到人们的重视，有鉴于此，笔者通过研究，编写了这本《现代传媒经营管理研究》。

　　本书主要以现代传媒经营管理作为研究对象，探讨现代传媒经营管理各个方面的问题。

　　本书共分为七章。第一章介绍传媒经营管理概论，包括大众传媒概述、传媒经营管理概述、传媒经营管理的实质与意义、传媒经营管理的职能与原则等；第二章介绍传媒经营管理的历史演进，包括近代报刊媒介经营管理的历史演进、广播电视媒介经营管理的历史演进、数字媒体经营管理的基本理念等；第三章主要介绍传媒的营销管理，包括市场营销的基本理论、传媒战略营销的具体分析、传媒营销策略的具体分析；第四章主要介绍传媒的组织结构，包括传媒组织结构设计及其原则、传媒组织结构的主要形式、传媒的集团化管理、传媒组织结构的变革趋势等；第五章介绍传媒广告经营管理，包括传媒广告经营的方式与作用、传媒广告的特征与类型、广告效果的测量与评估、广告的管理与规制等；第六章主要介绍传媒的品牌管理，包括传媒品牌管理的原理和实践；第七章介绍传媒生产管理，包括传媒采编管理、报刊生产流程管理、广播电视生产制作管理、网络媒体产品生产管理等。

本书由皖西学院甘忆辛、樊琬共同撰写完成。具体撰写如下：甘忆辛撰写本书第一章到第五章内容（约 160 千字）；樊琬撰写本书第六章到七章内容（约 40 千字）；全书由甘忆辛负责统稿。

在写作过程中，作者参考了国内外许多传媒经营管理的相关研究成果，在此要向这些专家和学者表示诚挚的感谢！另外，由于作者水平和精力有限，书中可能存在一些不妥之处，恳请各位专家批评指正。

作者

2023 年 6 月

目　录

第一章　传媒经营管理概论

传媒经营管理是传媒的经营管理者借助传播手段、传媒的功能价值和公众的认知度，以及社会影响度，将传播职能与经营策略有机地结合起来，实现传媒组织的社会效益和经济效益。本章介绍传媒经营管理的基本问题，包括媒体、传媒、经营和管理等概念，传媒的功能与性质，以及传媒经营管理的主要内容、实质和意义等，使读者对传媒经营管理有一个总体的了解。

第一节　大众传媒概述

传播媒介是社会的中介，是社会各阶级、阶层、团体和个人之间相互沟通的桥梁。作为文化产业重要的组成部分，大众传媒不仅充当信息传播的载体，还具有强大的经济功能。本节主要介绍大众传媒的概念、性质和功能。

一、媒介、媒体和传媒

传媒既指技术，又指企业或机构。法国《拉鲁斯词典》对传媒这样解释：传媒是一种承载着书面和音像信息的信号的传播、分发或传输方式。这一定义表明，传媒是信息的所有传播手段，既是表达的方式，也是向某一群体传送信息的中介。

国内外学者对传媒这一概念理解的侧重点并不一致，有的将传媒当作手段或传送渠道，有的将传媒视为意义的生产者与使用者。前者以弗朗西斯·巴勒为代表，他认为"一种媒介首先是一种手段，即一种工具、一种技术或一种中介，它能让人表达，并将表达的内容与他人传通，而无论其对象与形式。但媒介也可定义为使用，即既定的作用或功能及其发挥的最佳方式"。① 他的观点不仅侧重于表达的传播者及其许可的方式，同时也侧重于使用。他将传媒分为自主媒介（报纸、唱片等）、传媒媒介（广播、电视等）和传通媒介（电话、互联网等）。后者以法国国家科研中心传播研究院院长多米尼克·吴尔敦为代表，他认为"一种媒介的生存总是离不开一个族群的存在，离不开个人与集体关系的视角，离不开各阶层公众的描述"。② 他的观点强调了传媒所必须承载的传播现象的价值观、倾向性和观念。

从总体上分析，传媒的定义应该分为两层：一是借助某一渠道、某一方式（新闻纸、电缆）向一个终端（如接收器、手机）生产和传送信息的技术总体，同时也是这种技术自身的产品（如报纸、书籍、节目）；另一是某个经济、社会和象征性的组织，承担上述信息的处理，并提供给各种各样的使用者。因而，传媒包括技术（设备）和社会（再现方式）两个层面。

我们经常看到媒介、媒体和传媒等词汇，但很少进行概念区分，以至于经常混淆使用。事实上，这 3 个词对应的英文单词都是"media"。英文"media"一词的含义比较广泛，它既可以是报刊、电影、广播、电视、视频、网络、书籍等承载文字、声音、视觉信息的符号之发送、分配或传递的技术手段，也可以是经济门类或体制，如传媒产业、传媒事业、传媒行业等；既可以是具体的机构和组织，如传媒企业（报社、电台、电视台、网站、出版社、广告公司等），还可以是具体的传播内容和设备。

媒体与媒介有时候可以通用，都是指介于传播者与受传者之间，用以负载、扩大、延伸、传递特定符号的物质实体，既包括信息传递的载体、渠道、中介物、工具或技术手段，又包括信息的采集、加工制作和传播的社会组织。具体

---

① 肖叶飞，2017. 媒介融合与媒体转型 [M]. 芜湖：安徽师范大学出版社.
② 肖叶飞，2016. 传媒经营与管理 [M]. 合肥：中国科学技术大学出版社.

来讲，两者又有区别：媒介是一个基本称谓，是指信息传播和沟通的载体，强调不同的传播技术特征和物质性，如电子媒介、数字媒介、纸质媒介，常见的有杂志、报刊、广播、电视、网络与新媒体等，不同的媒介相互联系，相互影响，形成媒介融合；媒体侧重于媒体组织机构，突出传媒活动的主体性和体制性，常常是新闻事业的代名词，如中央媒体（人民网、中央电视台、新华网、《人民日报》等）、区域媒体（东方卫视、《南方周末》等）、国外媒体（《纽约时报》《华盛顿邮报》等）。

传媒是信息的所有传播手段，它既是表达的方式，也是向某一群体传送信息的中介，是信息传播的载体、手段、途径、体制等的通称。传媒是大众传播媒介的简称，包括媒体（传播机构、传播组织）与媒介（载体、手段、渠道）。

二、传媒的功能

（一）信息传递

传媒最基本的功能就是获取、传递信息，其所具有的各种功能都取决于媒介传播信息的本质。如果媒介不负载任何信息，则其所有的其他功能都缺乏实现条件。传媒从产生的那一天起，就承担起满足人类信息需要的使命，从过去的口语和肢体语言，到今天的书籍、报刊、广播、电影和电视等，人们借助这些媒介，能够突破时间和空间的限制，将信息迅速传递到目标地点。现代传媒大大地提高了信息传递的速度、容量和范围，实现了信息在社会生活各个领域的四通八达。今天的人们很难想象，离开了大众传媒，自己的生活将是什么样的状态。

（二）文化传承

传媒具有文化传承功能。它传播前人的知识与经验，记录同代人的探索与创新，引领社会时尚与风气，倡导一定的价值观。正确运用传媒，可以分享人类的智慧，丰富人们的精神世界。

（三）监督

大众传媒还具有监督功能。它及时报道和评论社会生活中发生的重大事件，揭露社会上一些假、恶、丑现象，并对其形成强大的压力；维护社会公正，促进社会健康发展。

（四）娱乐

传媒具有娱乐功能，它提供了大量文学、艺术、休闲方面的内容，大大地丰富了人们的日常生活，陶冶了人们的情操。人们能随时随地收听到美妙的音乐，观赏到丰富多彩的电视节目，还可以在网上下载喜爱的游戏和音像资料。

三、传媒的性质

在日常生活中，人们经常见到公益性广告、电视节目、报纸，还有商业性广告、报纸、电视节目，这是对大众传媒的形象描述。传媒一方面从事公益活动，提供知识信息，引导社会潮流，推动历史进步；另一方面通过对传媒产品的设计、生产、包装和营销，从事商业活动，获取最大化利润。

（一）意识形态属性

2020年9月17日下午，习近平总书记考察马栏山视频文创产业园并发表重要讲话，指出"文化产业既有意识形态属性，又有市场属性，但意识形态属性是本质属性"。大众传媒作为文化产业的一部分，必然具有意识形态属性。

大众传媒是社会信息传播的主要渠道，对社会大众意识形态的形成与发展具有重要影响，并通过报道、评论、广告等手段，向社会大众传递世界观、价值观和人生观，塑造社会大众的意识形态。

（二）文化产业

根据2005年国家统计局、文化部、国家广播电视总局和新闻出版总署等部门制定的《文化及相关产业指标体系框架》，文化产业被界定为"为社会公众提供文化、娱乐产品和服务的活动，以及与这些活动有关联的活动的集合"。①文化产业及相关产业的范围包括：提供文化产品，文化传播服务，与文化休闲娱乐活动有关的用品、设备的生产和销售活动以及相关文化产品的生产和销售活动。

根据国家统计局发布的《文化及相关产业分类（2018）》，我国的文化产业分为九大类：①新闻信息服务；②内容创作生产；③创意设计服务；④文化传播渠道；⑤文化投资运营；⑥文化娱乐休闲服务；⑦文化辅助生产和中介服务；⑧文化装备生产；⑨文化消费终端生产。其中前5类属于传媒产业，可见传媒产业是文化产业的核心部分。

2004 年至今，中国传媒产业发展迅速：一方面，产业规模快速扩大；另一方面，传媒形态不断变化，传统的传媒包括图书、报纸、期刊、广播、电视、电话和广告，现在又涌现出新的传媒形式，主要有网站、博客、播客、网游、微博、社交网站、数字电视和手机电视等。

2012 年 2 月，中共中央办公厅、国务院办公厅发布《国家"十二五"时期文化改革发展规划纲要》(以下简称《纲要》)，将文化产业提升到国家战略性产业的高度，提出通过提升文化软实力，实现文化强国的战略目标。《纲要》在多处对传媒产业进行了详细的描述，并提出了具体要求，如加快科技成果转化，提高我国出版、印刷、传媒、影视、演艺、网络、动漫游戏等领域技术装备水平，增强文化产业核心竞争力。

第二节　传媒经营管理概述

一、经营与管理的概念

经营与管理两个概念经常在一起使用，但也有区别。经营的本质在于"做

---

① 周鸥鹏，2012. 传媒经营与管理（第 2 版）［M］. 郑州：郑州大学出版社.

什么", 做正确的事; 管理在于"怎么做", 怎么把事情做正确。经营体现的层次更高、更广, 而管理相对来说, 层次较低、较窄。

(一) 经营的定义

经营活动是各种社会组织的基本活动。经营有广义和狭义之分。广义的经营是指企业为实现某一目标所进行的有组织的活动。狭义的经营是根据企业的资源状况和所处的市场竞争环境对企业中长期发展进行战略性规划和部署、制定企业的远景和方针的战略层次活动。它解决的是企业的发展方向、发展战略问题, 具有全局性和长远性特征。

企业经营的关键在于实现经营目标。企业经营目标是指在既定的条件下, 企业作为独立行使民事权利和承担民事义务的法人主体, 在其全部经营活动中所追求的, 并在客观上制约着企业行为的目的。企业长期经营目标是企业发展战略的具体体现, 不仅包括产品发展目标、市场竞争目标、总体赢利目标, 更包括社会贡献目标、职工福利待遇目标、人力资源开发与发展目标等。

(二) 管理的定义

管理学的诞生以泰罗的里程碑式名著《科学管理原理》(1911 年) 为标志, 至今已有百余年。在这百余年历程中, 管理学不断发展和完善, 管理学家从不同视角对管理进行了定义, 尽管其内涵相近, 但并不统一。

管理学之父泰罗认为, 管理就是确切地指导你要别人去干什么, 并使他们用最好的方法去干。

法约尔在其著作《工业管理和一般管理》中, 对管理进行了这样的描述: 管理是所有的人类组织都有的一种活动。这种活动由五项要素组成——计划、组织、指挥、协调和控制。

诺贝尔经济学奖获得者西蒙认为, 管理就是决策。管理者所做的一切工作归根结底是面对现实和未来、面对环境和员工时不断地做出各种决策, 使组织的一切都可以不断地运行下去, 直到获取满意的结果, 实现令人满意的目标要求。①

美国多数教科书是这样定义管理的："管理就是由一个或更多的人协调他人的活动，以便收到个人单独活动所收不到的效果而进行的各种活动。"

以上关于管理的定义尽管表述各不相同，但其本质内涵还是一致的，管理主要包括以下几个方面：

首先，管理是一个动态的过程，是一个组织在动态化环境中不断调整自身以适应内外环境需要，这个过程包括计划、组织、领导和控制。

其次，管理活动是有目的的，所有管理活动都直接或间接围绕目的展开，所有管理活动都是实现目标的手段。

最后，完成管理目标必须以资源做支撑，这些资源包括人、财、物和信息等。资源的有限性要求管理必须充分利用资源，做到效益最大化，或者效益既定，资源投入最小化。

根据以上分析，可以给管理下一个相对统一的定义：管理是对组织的资源进行有效整合以达成组织既定目标与责任的动态创造性活动。计划、组织、领导和控制等行为活动是有效整合资源所必需的活动，因此，它们可以归入管理的范畴之内，但它们又仅仅是帮助有效整合资源的部分手段和方式，因此，它们本身并不等于管理。管理的核心在于实现资源的有效整合，其目的在于实现既定目标。

（三）经营与管理的关系分析

一般来说，经营者是企业组织的所有者。作为私有企业，经营者为个人；作为股份制企业，经营者为公司董事会；作为国有企业，经营者是国家或者政府。经营者同时又是企业的监管者，对企业的运营状况进行最高层级的监督与管理。

管理者通常是由经营者任命或者聘用擅长管理的人员或团队组成。在小型私有企业，产品单一，管理简单，经营者多数同时也是管理者；在大中型企业组织中，由于员工众多，产品结构复杂，管理层级较多，经营者精力有限或者

---

① 季宗绍，2010. 传媒经营与管理［M］. 南京：南京师范大学出版社.

不擅长管理，因此需要专门的职业管理者担负管理责任，这类管理者通常称为首席执行官（CEO）。在首席执行官下面又有多个层级的管理者执行生产经营活动的管理，其中包括职能部门的管理和事业部门的管理。[①]

在企业管理活动中，经营者是企业的领导者和企业战略的决策者，他或他们根据自己的经营理念为企业制定战略目标，设定基本方向，确定实现步骤。在经营与管理分置的企业中，经营者一般不干预具体管理活动，而管理者是企业组织理念和战略目标的贯彻者，战略任务和具体实施步骤的执行者。在有些大型股份制企业组织中，管理者同时又是董事会的董事，但大多数企业采取两权分置，管理者对董事会负责，见表1-1。

表1-1　经营与管理的区别和联系

	经营	管理
身份	所有者、委托人	管理者、受托人
理念	创造者	执行者
责任	对股东负责	对董事会负责
战略	决策者	参与者
战术	审核者、监督者	制定者、执行者
方法	选择做什么事	选择如何做事
管理	多数人管理少数人	少数人管理多数人

从表1-1中可以看出，经营者与管理者身份不同，导致两者的职责不同，对经营和管理的卷入程度不同，在管理方式和方法上也不相同。所有者和管理者职权分置的最大好处是将企业的战略管理与战术管理分开。在宏观方面，由经营者管理；在中观和微观方面，由管理者执行，有利于各自把事情做得更好。

二、经营与管理的主要内容

经营与管理在身份、理念、责任、战略、战术、方法等方面不一样，所以其包含的内容也不一样。

---

① 陈敏直，王贵斌，成茹，2011. 媒介管理［M］. 西安：陕西人民出版社.

（一）经营要素分析

经营要素是指企业所拥有的经营资源和经营手段。经营资源包括人力、物质、金融、信息及关系等。

1. 人力资源

人力资源是指组织拥有的成员的技能、能力、知识以及他们的潜力和协作力。人力资源是任何一个组织都必需的资源，而且是最重要的资源。对于媒体这种精神文化产品的生产者来说，人力资源是媒体战略目标实现的基本出发点。

2. 物质资源

物质资源是指组织存续所需要的诸如土地、厂房、办公室、机器设备、教学设施、各种物质材料等。对一个组织而言，物质资源的多寡也可表现为其拥有的财富的多少。物质资源是媒体企业进行生产经营的物质保障，如印刷机、演播厅、转播车、办公室和电脑等。

3. 金融资源

金融资源是指货币资本和现金。在现实社会中，由于货币资本和现金可以用来购买物质资源和开发人力资源等，所以，一个组织拥有的金融资源多少实际上反映了其拥有资源的多少。此外，货币资本和现金还可以迅速流通以捕捉商业机会，获得收益。

4. 信息资源

信息可以分为两类：一类是知识性信息；另一类是非知识性信息。看一本科学书籍，我们所获得的是知识性信息；看艺术图片，我们所获得的是有关美的信息。信息资源对组织的存续至关重要，一个组织没有一定的信息资源等于一个盲人，会有"盲人骑瞎马、半夜临深池"的危险。

5. 关系资源

关系资源是指组织与其他各方如政府、银行、企业、学校、团体、名人和群众等方面的合作及亲善程度与广度。组织的存续不是孤立的，它必须与其他组织保持密切的关系，而这种关系有时会有助于组织目标的实现。

以上所说的组织存续需要的 5 种资源是一般组织共同拥有的资源类型，现实中的一些特别组织除了需要这些资源之外，还需要其他特别资源，如技术水平和组织能力等。组织发展的关键不在于利用好一种资源，而在于整合以上各种资源，达到效益最大化。

（二）管理要素分析

管理就是通过计划、组织、控制等来协调组织内外部资源，实现既定的目标，同时要达到资源利用的高效率和组织目标实现的高效益的有机统一。任何一种管理活动都由管理主体、管理客体、组织目的和组织环境和条件 4 个基本要素构成，即"四 W"或"四何"要素。[①]

（1）管理主体（who，何人）

管理主体即媒介组织一切活动的管理者。

组织的最高管理者的管理团队有助手，其下各层职能部门和业务部门、技术部门、营销部门也有主管。最基层的管理者是诸如制片人等项目主管。

（2）管理客体（what，何事）

管理客体包括管理的人和事。在媒介组织中可以看到，根据媒介组织规模大小，被管理的人除了基层员工外，还有各级主管。各级主管在本部门是管理者，但是在整个组织内又是被管理者，比如，CEO 管理各子媒体，子媒体的社长、总编、管理部门经理等。

所有的组织都是因事设岗，这些"事"既是全体员工的工作客体，更是各级管理者的管理客体。管理的目标与经营目标相一致，就是以最恰当的方法和最低廉的成本达到最好的效益。

（3）组织目的（why，为何）

组织目的是什么？为什么要进行这种而不是那种管理方式？这对管理者来说是核心问题。在各管理岗位上，各级管理者不但要自己明白而且也要使下级员工明白企业总体战略目标和方向、当下的任务和完成这些任务的方法步骤，以及员工各自的岗位职责、权利和义务。

（4）组织环境和条件（how，如何）

---

① 严三九，刘怡，庄洁，2012. 媒介经营与管理［M］. 武汉：华中科技大学出版社.

组织环境是媒介生产经营活动中的内外影响因素，主要包括社会环境、生产环境、文化环境、经济环境、技术环境、政治环境以及内部管理环境。

组织条件与组织环境相关联，主要指组织实施战略目标过程中所具备的人力、物力和财力等硬件与组织文化等软件。这些条件综合起来就是媒介的实力。

管理者在管理活动中既应受组织环境和条件的制约，更需要重视改变不利于媒体战略目标实现的组织环境和条件，创造和开辟新的有利于公司发展的局面。

第三节　传媒经营管理的实质与意义

一、传媒经营管理的实质

传媒经营管理实质上是传媒组织的经营管理。传媒组织与一般企业类似，也要通过生产、交换和消费等环节来满足消费者的需要，只是传媒组织生产和交换的产品以信息的形式表现出来。如果将传媒组织视为企业的话，它也需要"经营"和"管理"。简单地说，传媒经营管理就是运用传媒组织的人、财、物和信息等资源，以期实现传媒组织所设定的目标。具体来说，传媒经营管理是指传媒的经营管理者运用决策、组织、领导和控制等方式，借助传媒手段、传媒的功能价值和公众的认知度及社会影响度，在有效整合内外部资源的基础上，将传播职能与经营策略有机地结合起来，实现传媒组织的社会效益和经济效益。

传媒经营管理是一个系统过程，由一系列的活动组成，是传媒管理者根据外部环境和内部环境变化，以及自身实际条件做出决策，设定目标，然后进行组织机构设置和人员配置，通过采取措施，激发、协调、领导员工完成组织的任务。简而言之，传媒经营管理就是利用最少的资源投入获得最大化的社会效益和经济效益的活动过程，或者是在获得既定的社会效益和经济效益条件下，使投入资源最小化的过程。①

广义的传媒管理包含传媒经营。狭义的传媒管理主要指传媒组织内部的管理。我们日常所说的传媒管理主要是指广义的，包括传媒经营部分。

传媒经营管理与一般的企业经营管理相比，有其特性，具体表现在两方面：首先，传媒作为社会的守望者，应该自觉承担更崇高的使命和责任，把社会效益放在首位，努力实现社会效益和经济效益的统一；其次，传媒企业不仅强调"3M"管理，即人（man）、财（money）、物（material）的管理，还要强调信息的管理，信息是传媒企业的核心资源，媒介是信息的载体，传媒企业主要通过信息传递来满足消费者需求。

二、传媒经营管理的意义

传媒经营管理在很大程度上受到外部环境的影响。社会政治、经济、科技和文化等方面发生变动都可能对传媒产业造成冲击。可以说，传媒是站在时代前沿的行业。这一方面对传媒经营管理者提出了更高的要求；另一方面也凸显了传媒经营管理的重要意义。总体而言，对传媒进行科学管理，能够使传媒内部处于良性运转的状态，并使之适应外部环境，从而取得更有效、更长远和可持续的发展。②

具体来说，传媒经营管理有以下几个方面的意义：

（1）有利于对资源进行合理的配置和统一，从而协同发展。正如所有的经营管理活动一样，传媒经营管理的核心也在于协调人力、物力、财力、信息、时间这5个方面的资源，使其达到最佳配置，发挥最佳效用。

（2）有利于实现社会效益与经济效益的协调和"双赢"。传媒的组织目标有两方面：一是宣传目标；二是经营目标。传媒是一种社会上层建筑，又处于市场之中，受市场机制的支配和调节，这就需要有能够适应其特征的经营管理，以保障传媒的组织目标得以实现。

① 颜景毅，2009. 传媒广告经营与管理［M］. 郑州：郑州大学出版社.
② 骆正林，2008. 传媒竞争与媒体经营——传媒经营与管理研究［M］. 北京：中国广播电视出版社.

（3）有利于提高自身品质，从而应对时代的挑战和激烈的市场竞争。在知识经济时代，作为信息和文化产业的传媒产业，必须做好充分的应对：一方面提高自身品质和经济实力，打造更为出色的传媒品牌；另一方面时时注意社会各界，尤其是传媒市场的动向，知己知彼。这一切都不能离开高效、科学的经营管理。

实践证明，在不同的媒体之间，经济效益好、发展势头强劲的往往是那些在微观管理上有成效、有创新的。就单个媒体而言，在不重视经营管理，或者经营管理比较松懈、脱离实际的时候，往往会陷入停滞不前的困顿阶段，甚至危及生存；而在摸准社会发展及市场变动的脉络，科学、高效地进行经营管理时，其发展速度则会迅速得多。例如，在竞争日益激烈、以网络为代表的新媒体发展迅猛的当前，美国的一些商业广播却能在传媒市场中立于不败之地，其原因就在于它们的经营管理者能够把握自己的媒体特色，找准定位，推出"适位广播"。他们非常清醒地知道，随着媒体日益多元化，受众呈现加速分化的趋势，其信息需求更加多样，因此，媒体在关注广大受众的普遍需求的同时，更要满足日益细分的受众的个性需求。这些成功的美国商业广播制定了"专业化"和"本地化"的发展方针，不以综合节目吸引受众，而是面向特定受众，办出专业特色；以面向中心市场，特别是本地听众作为自己的服务宗旨，成为区域化、本地化和社区化的传媒机构。

第四节　传媒经营管理的职能与原则

一、传媒经营管理的职能

传媒经营管理的职能是指传媒经营管理者在经营管理过程中应该完成的任务、承担的职责和必须具有的功能。管理的职能除了包括决策、计划、组织、领导、协调、激励、控制之外，还包括人事、预算、报告、合作、授权、变革和评估等工作内容。著名传媒管理学者雪曼（B. L. Sherman）在《远程传播管理：广播、有线电视和新技术》一书中曾引用美国学者古立克创立的管理七职能说（POSDCORB）来说明传媒经营管理的职能，即 P 代表计划（planning），O 代表组织（organizing），S 代表人事（staffing），D 代表指挥（directing），CO 代表协调（coordinating），R 代表报告（reporting），B 代表预算（budgeting）。雪曼提出的这些职能也适用于传媒经营管理。从传媒实践来看，传媒经营管理的职能可以概括为决策、计划、组织、领导、控制和创新。

（一）决策职能

经济学诺贝尔奖获得者西蒙认为，管理就是决策。对于传媒企业决策者来说，决策意味着做正确的事情。传媒经营管理决策是指传媒管理者充分利用机会，识别并解决问题的过程。决策的主体是传媒管理者。决策的本质是一个过程，这个过程包括识别问题、拟订及评价备选方案、选择满意方案、实施方案、评价方案实施效果 5 个步骤。决策的目的在于更好地解决问题。决策要遵循满意原则而不是追求最优决策，这是因为最优决策必须符合 3 个条件：一是要获得与决策相关的全部信息；二是对信息真实了解，并对每个方案都能客观地评价；三是准确地预测每个方案的结果。而同时满足这 3 个条件几乎不太可能，所以决策要遵循满意原则。①

（二）计划职能

计划职能是传媒经营管理中最基本的职能，它是准确地确定传媒企业需要完成什么样的工作并如何将工作做得最好的过程。计划为整个管理过程创造一个坚实的平台，为以后的管理活动提供了一个舞台。计划是对目标的预见和设想，是贯彻宏观传播和决策、实现微观传播和目标的重要手段。计划的过程就是制定绩效目标并确定如何实现该目标的一个系统工程。

在竞争日益激烈的环境中，计划的制订不是管理者随心所欲、照章办事、"闭门造车"的结果，而是管理者每天工作的一部分，是在忙乱和高标准要求的

---

① 周鸿铎，2003. 传媒产业经营与管理［M］. 北京：经济管理出版社.

工作环境中持续不断的一项工作。计划不但要确立目标，更重要的是要企业全员积极参与，共同为实现目标努力工作。计划为决策服务，是决策的具体化，计划的好坏直接影响传媒经营管理的成败。

（三）组织职能

组织是人们为实现某一目的而形成的群体，是确保人们社会活动正常协调进行、顺利达到预期目标的体系。一个组织确定目标、制订计划以后，一个重要的问题就是如何执行计划和实现目标。这就要求管理者按照组织目标和计划所提出的要求，设计出合理、高效、顺利实现组织目标的结构和体制，合理配置组织的各种资源，以保证计划和组织目标的顺利实现。组织是传媒经营管理的重要保障，是完成传媒企业使命、计划目标和任务的重要手段。传媒的组织职能主要包括职务设计与分析、部门划分、结构形成及工作检查。组织结构的设置必须反映市场的需要，以实现目标为导向，因岗设人，而不是为了行政需要，因人设岗，并且传媒组织结构要随着内外部环境的变化和目标的改变进行适时调整。

（四）领导职能

领导是传媒经营管理的高层次动态行为过程。领导者通过法定权力和领导艺术对被领导者产生影响力，从而引导组织成员提高行为效率，共同实现组织目标。在领导活动的全过程中，主要有5个构成要素，即领导者、被领导者、职权、客观环境和领导行为，其中起决定作用的是职权，领导是这些要素构成的综合体。

传媒经营管理者必须能够指挥、协调、引导、激励员工为实现媒介使命和目标而努力。领导工作对保证媒介目标的实现起着关键作用。为了确保媒介目标的实现，领导要发挥3个方面的作用。一是指挥作用，通过指挥激发员工的积极性，使员工人尽其才；合理安排事务，达到事事顺利；合理利用时间，保持高效；积极沟通内外，灵活应对环境变化。二是协调作用，协调是传媒经营管理中的"润滑剂"，是避免矛盾激化的"减压阀"，是增加传媒组织向心力的

"凝结剂"。协调使组织的政策与目标一致，使员工正确认识形势和任务，保持行动一致。三是激励作用，通过物质和精神激励，激发员工的创造性和积极性，鼓舞员工的斗志，让员工保持工作热忱。

（五）控制职能

传媒组织在实现目标和既定计划时，由于内外部各种因素的影响，组织计划的完成并不是一帆风顺的，这就需要控制这一职能进行修正。控制的目的是保证组织的各项活动按照既定的计划或目标顺利进行，控制具有很强的目的性，控制与计划密不可分。控制是通过"监督"和"纠偏"来实现的，这就要求控制系统具有良好的信息系统，一方面可以预警；另一方面可以探查出"偏差"产生的原因。控制是一个过程，控制的前提是组织有良好的沟通。控制与计划关系密切，计划为控制提供依据，控制是计划实现的保证。

控制过程包括4个步骤：首先，制定控制标准，标准可以是定量的，如利润、成本等，也可以是定性的，如工作作风、道德标准、企业价值等。在制定标准时，尽量定量化，这样容易理解和控制，实在不能量化的也要尽量客观，以便核实。其次，衡量实际绩效，把实际工作表现和工作绩效与控制标准相比较，找出问题与偏差。再次，分析偏差原因，系统分析出现偏差的主观原因和客观原因。最后，采取行动，纠正偏差。针对分析的原因，采取措施，及时纠正，进一步改进工作。

有效的控制必须从4个方面着手：一要适时，及时对偏差加以纠正；二要适度，控制的范围、程度和频度要恰到好处；三要客观，符合媒介生产经营活动的实际情况；四要有弹性，能够灵活应对突发情况。

（六）创新职能

创新是一种思想及在这种思想指导下的实践，是一种原则及在这种原则指导下的具体活动。创新是传媒经营管理的重要职能。目前，在传媒行业，新媒体蓬勃发展。新媒体以计算机技术和互联网为基础，计算机技术发展遵循"摩尔定律"，即在价格不变时，集成电路上的晶体管数目，约每隔18个月便会增加1倍，性能也将提升 1 倍。新媒体企业必须跟上计算机和网络发展的速度，在技术上不断创新。传媒经营管理者不但要做好一般的管理职能，还要肩负创新的职能。

除了技术创新外，管理者的创新职能还包括以下几点：①目标创新，修订媒体发展计划，确定新的目标；②制度创新，探索新的经营管理制度，制定新的控制标准；③组织创新，重新设置组织机构，对人力资源进行重新配置；④营销创新，开拓新市场，吸引新观众，管理新客户，增加新服务。①

二、传媒经营管理的原则

传媒经营管理者在经营管理过程中，必须遵循一定的指导原则，从而对管理活动与结果起到规范、导向、促进和保证作用。传媒经营管理原则是指对传媒经营管理者及其所从事的活动提出来的必须遵循的基本要求。传媒经营管理原则既要符合一般经营管理活动的规律，又要具有传媒行业的特殊性。结合我国传媒行业的特点，可以归纳为以下几个原则。

（一）坚持党性原则

2016 年 2 月 19 日，习近平总书记深入人民日报社、新华社、中央电视台实地调研，同记者交谈、与群众连线、观主题展览，并主持召开党的新闻舆论工作座谈会。习近平总书记强调，党的新闻舆论工作是党的一项重要工作，是治国理政、定国安邦的大事。做好党的新闻舆论工作，要始终把政治方向摆在第一位，坚持党性原则，坚持党管宣传、党管意识形态、党管媒体，坚持政治家办报、办刊、办台、办新闻网站，让党的主张成为时代最强音。习近平总书记还强调，党性原则不仅要讲，而且要大张旗鼓讲、理直气壮讲、坚持不懈讲，不能躲躲闪闪、扭扭捏捏。坚持党性原则，最根本的是坚持党对新闻舆论工作的领导。

习近平总书记还强调，坚持党性原则，最根本的是坚持党对新闻舆论工作的领导。党和政府主办的媒体是党和政府的宣传阵地，必须姓党，必须抓在党

---

① 陈敏直，王贵斌，成茹，2011. 媒介管理［M］. 西安：陕西人民出版社.

的手里，必须成为党和人民的喉舌，党报党刊一定要无条件地宣传党的主张。无论时代如何发展、媒体格局如何变化，党管媒体的原则和制度不能变。

（二）市场与效益原则

在市场经济条件下，任何企业的经营管理都应积极面对市场，传媒企业同样要树立市场观念，增强市场竞争意识。

传媒企业也要树立效益意识。效益包括社会效益和经济效益。传媒不同于其他行业，必须把社会效益放在首位。社会效益强调正确的舆论导向，以正面宣传为主，弘扬主旋律，肩负社会责任。传媒企业也要遵循价值规律，讲究经济效益。

（三）整体与互动原则

传媒系统的整体中包含着各种各样的因素，而整体并不是这些因素的简单叠加，而是"1+1>2"的组合。如果能把这些因素进行科学、合理的整合，就能使整体释放出的能量远远超过各部分的能量之和。传媒经营管理者必须总揽全局，从整体目标出发，合理整合各种因素，实现管理最优化。

互动原则要求经营管理者将经营管理中的各因素看作相互联系、相互作用、相互制约、相互依存、相互影响的有机整体，协调各种力量，经营管理好媒体。互动原则主要体现在两个方面，即媒体内部之间的互动以及媒体内部与外部之间的互动。媒体内部之间的互动包括各部门、层次间的沟通与交流，人、财、物等资源的合理配置和科学互动，责、权、利之间的有机结合和良性互动。媒体内部与外部之间的互动主要是媒体与其他经济、政治、文化、科技社会组织的联系配合、相互合作等。

（四）民主法治原则

传媒经营管理者必须充分发挥民主作风，接受群众监督，调动广大员工的积极性与创造性，激发员工的主人翁意识，共同参与传媒经营管理工作，并依靠集体的智慧和力量经营管理好传媒。

要做到民主，就要充分认识并承认员工的主体地位。传媒企业的每一位员工既是管理对象，又是管理主体。他们一方面接受管理；另一方面也有权参与管理。传媒经营管理者要切实关怀和体谅员工，要培养员工、发展员工、凝聚员工、尊重员工，以充分调动员工的工作积极性，使员工的工作潜力最大限度地被激发出来，并保障员工在企业中当家作主的地位。

在发扬民主和尊重员工的同时，还要坚持法治原则。市场经济是法治经济，传媒经营管理必须置于法治的范围内行事。法治原则要求在传媒经营管理过程中，必须建立和健全严格的法律和规章制度，使管理规范化、标准化、程序化。坚持法治原则，可使传媒经营管理遵守法律法规，使内部结构设置、管理行为、人事、财务和信息传播等各方面制度化、规范化，从而使传媒系统成为一个协调有序、分工合理、管理科学的整体。

第二章　传媒经营管理的历史演进

传媒业从近代出现起，其经营与发展的历程崎岖不平。

第一节　近代报刊媒介经营管理的历史演进

一、从贵族报刊到廉价报刊：双重出售模式的出现

世界上第一批报纸出现于 17 世纪的德国，1615 年，艾莫尔在德国创办《法兰克福新闻》，被视为德国，也是世界上最早的"真正意义上的报纸"。在此之后的 100 多年间，德语地区前后共出版了 3494 种报刊，但此时的报刊并未产生较大的社会影响。这是因为当时德国政治制度落后、经济不发达，国家又长期处于四分五裂的状态。虽然德国最早出现了印刷新闻纸和像《法兰克福新闻》这样定期出版的周报，但由于缺乏政治的稳定与经济上的支撑，后继的新闻业发展极为缓慢。

由于封建专制，德国的主要邦国，如奥地利与普鲁士出版的报纸绝大多数都是官报或经特许出版的报纸。官报大多由皇室直接出版，特许报纸则由出版商出版，但也多具备官方色彩，并且一份报纸的出版历程相当艰难。1703 年，奥地利皇室出版了官报《维也纳报》。此后几十年里，再无其他报刊被允许出版。1704 年，普鲁士一位姓福斯的出版商在柏林创办了他的小报纸，经过长达几十年的努力，直到 1785 年才成为官方特许的《柏林政治和学术问题王国特权报》。

仅从报名中的"特权"二字就可以读出报纸作为一种稀缺的政治资源，是由官方独家垄断的，是属于社会上层的贵族报刊。

除了官方的特许出版制度外，封建王权背景下的统治者对报刊的经济管控也十分严格。在霍亨索伦王朝的普鲁士王国时期，除了官报外，禁止一切民间报刊出版，并在经济上实行广告垄断制度，由各城市的官方出版附带部分商业新闻的广告报，其他出版物一律不得刊登广告。而报刊也无须为经营而发愁，只需要在信息内容发布上听从当权者的安排，自觉接受书报检察官的检查，便可以定期获得政府给予的津贴。正是在这种情况下，报刊的读者只局限于为数不多的上层贵族，而与一般百姓无缘。

直到1904年，德国才出现了第一家真正意义上的大众报纸，这是由印刷商乌尔施泰因在柏林创办的《柏林午报》。它在当时有许多耳目一新的举措，比如，头版全部是图片和大字标题，在经营上也开展以街头零售为主的方式。从此以后，德国的大众报刊开始兴起，到"第一次世界大战"爆发前，莫泽、舍尔、乌尔施泰因分别以《柏林日报》《柏林地方新闻》《柏林晨邮报》为核心报纸，形成大众化报刊的报团。其中乌氏报团最大，《柏林晨邮报》在1913年发行了40万份，该报团于1918年还买下了历史悠久的《福斯报》。

在西方新闻传播业发展史中，英国的渐进式商业新闻传播业发展模式很有代表性。陈力丹认为，英国新闻传播业的推进，也是各种力量不断博弈、斗争、妥协的结果，但这种斗争的形式不是"你死我活"的激烈场面，而是不断由"量变"到最后"质变"的结果。[①]英国在中世纪就已经有许多手抄新闻，这些手抄新闻由于数量少，主要供贵族阅读，如爱德华三世时的米诺特、伊丽莎白一世时的怀特，都是当时颇有名气的手抄新闻人。随着地理大发现，德国人的印刷术和印刷新闻纸传播到世界各地，英国才开始出现册式的新闻书。

从1528年起，英国王室开始对出版业实行了一系列的管制措施，其中最重要的是建立皇家出版特许制，并于1557年成立皇家特许出版公司，将新闻出版业作为一种特权行业严格控制在政府的管制之下。从那时起一直到1861年最后一项知识税被废除，报刊作为一种贵族的消费品一直存在了300余年。1861年，

---

① 陈力丹，2007. 世界新闻传播史［M］. 上海：上海交通大学出版社.

随着最后一项知识税——纸张税的废除，以前只属于上层贵族的报刊，成为一般工人也能买得起的便士报，大众化报刊时代已经到来。

政府对报刊在政治和经济上的解禁与松绑，使报刊发展的"春天"真正来临了。这意味着报刊主必须把办报作为一种同其他商业行为一样的产业来经营，争取读者并赢得利润。世界上几个主要国家的报刊都经历了由贵族垄断到政党报刊再到大众化报刊这样的历史过程。英国的大众化报刊出现于19世纪中期，代表性的如1855年由斯雷创办的《电讯报》，开始售价为2便士，在转手另一商人利维后，售价改为1便士，开始注重新闻与评论，并以大众喜闻乐见的形式出现，迅速打开了市场。此后到了1888年，英国著名的大众化报刊《每日电讯报》发行量高达30万份，成为当时世界上发行量最大的报纸。

美国便士报的出现稍早于英国，这是因为美国报业的发展站在了一个较高的起点上，相对而言，比欧洲诸国在争取新闻自由、出版自由上更顺利。1833年，第一份便士报《纽约太阳报》由本杰明·戴在纽约创办。报纸的内容主要是当地发生的事情及暴力新闻，取材也无很大的特别之处，但读者阅读起来饶有兴趣，最重要的一点是，该报售价低廉，在短短6个月的时间里，《纽约太阳报》的发行量就达到了8000份左右。

德国大众化报纸的出现更晚一些，大约出现于1865年的德国柏林，当时广告商莫泽首创《广告电讯报》，获得成功后再于1871年创办《柏林日报》，它们所走的是纯粹的商业报纸的经营之路。此后，1883年出版商舍尔创办《柏林地方新闻》，两年后改为日报，因为接近百姓生活，发行量大增。这应该是德国新闻史上大众化报纸的滥觞期。

中国的大众化报纸也出现于19世纪70年代，那是由在上海的英国商人美查等4人集资1600两白银创办的《申报》，因为定价低廉，内容充实耐读，很快就击败了在上海报刊市场垄断了10年之久的《上海新报》，成为上海乃至全国的第一商业大报。

大众化报纸的出现，带来了报业经营上的一次革命，最重要的是报刊盈利及营销模式的变化。那么，与贵族报刊时期无须担心报纸的销售相比，廉价报纸如何盈利呢？

在许多人眼中，报业的经济运作与盈利过程简直就是个谜，"报纸出版者的举动十分奇怪。他们卖那些'煮熟的松树'的价格要比买进它们时低三分之一。这似乎是一次魔术表演：出版者们卖出他们的产品比买进原料时更为便宜，而他们却获利数以十亿计的美元。广告主也急切地把数以十亿计的美元投到这个好似无利可图的交易上，而他们也获利数以十亿计的美元。所有这些最后都是为了读者的利益，读者不费什么却有所得"。①

对于报纸营销的这个特点，范以锦有过很清晰的解释，他说："一般企业的产品，只要将产品推销出去了，就会直接产生利润。而报纸要产生利润，必须经过二次销售才能实现……第一次售卖是亏本的，是将整张报纸卖出去，实际上是在营销'影响力'，有了影响力，广告客户产生浓厚兴趣后便投放广告。报社进行第二次销售，'卖'一些版面，也就是客户交了广告费，报社就给版面刊发广告。"②

范以锦所揭示的报纸营销的谜底，实际上就是报纸的"双重"出售模式，它并非将报纸作为纸张卖给读者，对读者而言，报纸的纸张无足轻重，读者所关心的是纸张上登载的内容，因此，报社第一次售卖实现的是"内容售卖"，而报纸发行量的大小、读者的关注程度才是报社真正能实现盈利的"秘密"。在完成了内容售卖后，吸引广告商的广告投放，从而实现了将读者注意力转卖给广告商的过程，这就是"第二次售卖"。简而言之，双重出售是指新闻机构以低于成本的价格，甚至免费赠送产品，同时按价格原则向广告商出售广告并获得利润，以维持自身的生存与发展的独特经营模式。

最早出现便士报的美国，这种奇特的营销方式进入人们视线后立刻引来了大量的关注。以《纽约太阳报》为例，该报为了招徕读者，在内容上下了很大功夫，版面更多地关注劳工阶层，并以有趣的方式予以呈现。报刊进入了民众的生活之中，同时，由于报刊发行的增加，广告商们蠢蠢欲动。因为报纸巨大的发行量能让那些得不到销售的商品得到宣传的机会。美国第一个广告代理商沃尔尼·B.帕尔森于1849年开始充当报纸与商人之间的联系人，很快便获得了成功。广告收入的增加也促使报刊主编和发行人有可能扩大报道范围，增加报道内容，并在扩大再生产上加大投入。《纽约太阳报》在1837年由摩西·Y.比

① ［美］本·巴格迪坎，1986. 传播媒介的垄断［M］. 林珊等译. 北京：新华出版社.
② 范以锦，2008. 传媒营销的特点及创新［J］. 今传媒，(4)：53-54.

奇接手后，购买了当时新型的霍式蒸汽驱动圆压印刷机，这种机器每小时能印4000 份报纸，成为当时最先进的印刷设备。

总之，大众化报刊在 19 世纪中期的出现，让报刊不再只是权贵们的特权商品，成为普通大众的日常读物。同时，让报刊这种特殊的商品进入市场流通过程中，由此也开创了新的报刊售卖方式。

二、从报刊联合体到通讯社：规模经济与专业分工的发展

19 世纪中期，大众化报刊的出现与发展，使报刊的出版者开始思考如何更好地经营的问题。

当大众化报刊出现之后，有 3 个因素制约着报纸的发展，分别是读者、传播系统和生产的改进。在 19 世纪中期，这 3 个因素都对报纸的发展产生了巨大影响。随着公众识字率的提高，以及市面上各类出版物越来越多，公众的眼界变得更开阔了。传播系统的发展达到了办报者做梦也想不到的程度。蒸汽印刷机这一自动印刷术的先导以及造纸术的完善，改变了报业的性质。在采集新闻方面，越来越多的报社在面对世界上突发的重大新闻时，依靠单个报社的采访力量显得力不从心，发展规模与通力协作成为市场扩大后的必然之举。

1836 年，克雷格在美国的波士顿首先开展收集来自欧洲的新闻，然后卖给国内报纸的业务。他乘船出海迎接邮船，取得新闻后，再用信鸽进行远距离传递新闻，《纽约先驱报》的负责人贝内特就经常订购他的新闻。到了 1848 年 5 月，美国纽约 6 家报纸的负责人，包括《纽约先驱报》的贝内特和赫德森、《信使问询报》的韦布及其助手亨利·雷蒙德、《论坛报》的格里利、《太阳报》的比奇、《快报》的伊拉斯塔斯和詹姆斯·布鲁克斯、《商业新闻报》的黑尔，达成了一项协议。协议的内容是希望通过在波士顿的电报代理人，共同获取外国的新闻。一周后，雷蒙德代表"联合通讯社"签订了一项合同，规定每拍发 3000 字的新闻支付电报费 100 美元，并声明新闻将同时发给费城和巴尔的摩的报纸。[①]

---

① ［美］迈克尔·埃默里，埃德温·埃默里，2001. 美国新闻史：大众传播媒介解释史［M］. 展江，殷文主译. 北京：新华出版社.

这就是后来著名的"美联社"的前身。通过报社间的联合，共同采集新闻，联合分担费用，用市场的行为来应对新闻出售生意越来越好而带来的挑战，这是大众化报刊进一步发展的必然结果。

美国的"联合通讯社"并非世界上第一个出现的"报刊联合体"。欧洲是世界上现代通讯社的发源地，下面介绍欧洲几个主要通讯社的发展历程。

（一）哈瓦斯通讯社

世界上最早诞生的通讯社，目前一般认为是由法国人哈瓦斯于 1835 年组建的以自己名字命名的哈瓦斯通讯社。实际上在此之前，法国已出现过几家通讯社，但因经营不善，维持时间不长，而未产生世界性影响。

1826 年，哈瓦斯组建了一个新闻社，提供新闻和翻译外国报纸的材料，其订户主要为外交官及贸易、金融界人士。他建议报界订用稿件，却遭到拒绝。8 年后，法国出现了廉价报纸。与政党报纸不同，廉价报纸不重言论，而重消息。根据这种变化，哈瓦斯于 1835 年正式创办哈瓦斯通讯社，招聘记者，采集新闻并开办翻译外国报纸新闻文章的业务。一些廉价报纸纷纷加入客户的行列。哈瓦斯本人和哈瓦斯通讯社由此在法国新闻界确立了重要地位。巴尔扎克于 1840 年在他主编的《巴黎杂志》上写道："一般人都认为巴黎有好多家报纸，但是说老实话，严格点说，全巴黎只有一家报纸，那就是曾在卢梭大街开过银行的哈瓦斯先生经营的哈瓦斯通讯社编发的新闻稿。这家通讯社的办事处坐落在邮局前面，因此，世界各地的报纸都会很快就到了哈瓦斯的手里。换言之，哈瓦斯先生比巴黎的任何人都要最先获知世界各地的消息。从这个意义上来说，除外交机关外，哈瓦斯无所不知，无事不晓。"

为了提高服务的时效性，哈瓦斯通讯社不断地利用新的技术手段来改进现有的传递系统，扩张业务范围。1840 年，哈瓦斯开始驯养信鸽，展开了布鲁塞尔—巴黎和伦敦—巴黎的信鸽传递业务。1845 年，又在罗马、布鲁塞尔、维也纳、马德里及美国等地设立分社。当有线电报实用化后，哈瓦斯通讯社又于 1848 年开通了巴黎与布鲁塞尔间的电报传递业务。法兰西第二帝国时期，哈瓦斯通讯社以其新闻的准确、快速而赢得了世界性的声誉。1857 年，它又与法国广告机构和地方报刊签约，以通讯社提供的新闻交换各报社的若干广告版面，然后将版面出售给各广告客户。这种将通讯业务与广告业务合并起来的方法极为成功，它既扩大了通讯社新闻在社会上和报界的影响，又解决了通讯社进一步发展的资金需求，从而使该社在新闻界站稳了脚跟。1859 年，哈瓦斯通讯社又与英国路透社、德国沃尔夫通讯社签订交换新闻的合同，不久又开始利用连接欧美大陆的大西洋海底电缆。哈瓦斯通讯社的业务达到了世界性的规模。

（二）沃尔夫通讯社

沃尔夫通讯社是德国通讯社的始祖，也是世界上最早及规模最大的通讯社之一。创办者伯恩纳德·沃尔夫曾在法国哈瓦斯通讯社短暂工作过，1848 年回德国接任柏林《国家日报》社长。为了降低该报的采访成本，于 1849 年成立了沃尔夫通讯社。该社业务发展极为顺利、迅速，1856 年，与路透社交换经济及股票行情；3 年后，又与路透社、哈瓦斯通讯社及纽约美联社共同签约，相互交换政治及经济新闻。但是，由于当时欧洲大陆电信联系尚未畅通，所以直到 19 世纪 60 年代，沃尔夫通讯社才能为德国的报纸及商业公司经常性地提供消息服务。

1866 年，由于路透社得到普鲁士汉诺威王朝的授权许可，铺设了由德国北部海岸到英格兰的海底电缆，沃尔夫通讯社愤而退出上述合约，与路透社、哈瓦斯通讯社展开了激烈竞争。至 1869 年，由于路透社通过海底专用电缆，将新闻传到印度及远东各地，声势大振，如日中天。相形之下，沃尔夫通讯社显得势单力薄。

（三）路透社

路透社的创立者保罗·朱利斯·路透原是一个德籍犹太人，出生于德国卡尔塞。路透早年做过银行职员，曾在柏林开过书店，后来又到法国巴黎，在哈瓦斯通讯社当翻译。1849 年离开该社，在德国的亚琛设立通讯机构，利用信鸽向布鲁塞尔传递商业及股票行情，但效果并不理想。他打算在巴黎建立一个综合性的欧洲通讯社，可法国政府拒绝合作。1850 年，英吉利海峡海底电缆铺设成功。第二年，路透接受友人的建议在伦敦正式创办了路透社。当时的路透社极为简陋，除路透本人外，只雇了一个 12 岁的小孩。其传播的内容大部分以商业消息为主，订户多为银行家及证券经纪人，后来才逐渐增加政治及外交消息，开始了现代意义上的消息报道。

和哈瓦斯通讯社初期的遭遇一样，路透社开始也得不到伦敦报界的支持，处境艰难。路透以为，如果没有报纸订户，通讯社就没有前途。1858 年，伦敦《广知晨报》在路透的鼓动下，成为该社的第一个报纸订户。紧接着《每日电讯报》《前锋晨报》《晨间邮报》《标准报》等相继成为路透社的经常客户。在激烈的竞争面前，《泰晤士报》也不得不采用路透社的消息了。在得到伦敦报界的支持后，路透社的业务迅速发展起来。美国的南北战争、欧洲的法德关系成了其国际报道的重点。同时，路透社还将触角伸向未被开垦的亚洲、非洲、大洋洲，并同欧洲其他两大通讯社展开竞争。通过激烈的竞争，在 1870 年前，路透社终于确立了自己的优势地位。

从上述三大通讯社的起源来看，世界上最早的通讯社都出现在欧美国家，这是由于欧美国家的大众报刊出现得较早，市场化程度的提高促进了对规模经营的需要。1886 年，日本出现了亚洲第一个通讯社——新闻用达会社。拉丁美洲的第一个通讯社是 1900 年建立的阿根廷通讯社。非洲的第一个通讯社是英国人于 1910 年创办的南非路透社（实际上是路透社在南非设立的分社），真正由非洲人自己创办的通讯社直到 1941 年才在埃塞俄比亚诞生。

20 世纪 60 年代，随着越来越多的亚非国家实现了民族独立，一大批新兴通讯社如雨后春笋般涌现。目前，除极少数国家和地区外，世界上绝大多数国家和地区都已建立了通讯社，有的国家和地区的通讯社甚至有几十家、上百家之多（如美国）。通讯社已经成为全球新闻事业的重要组成部分，在各国及国际新闻传播中具有不可替代的重要作用。

此外，从世界通讯社发展史来看，它们在经营管理上对传媒业的发展主要有以下几个方面的贡献。

第一，通讯社的专业化生产实现了新闻业的分工，促进了传媒业的发展。在传统模式下，一家报社拥有新闻业的几乎全部功能，既是新闻的发现者、采写者，也是新闻产品的发布者与销售者。传媒之间的分工与交流很少进行。随着通讯社的出现，带来了全新的传媒经营模式，它们专门为报刊提供稿件，新闻的采写和编辑开始实现专业化，促使新闻业内部出现社会分工，提高了传媒的生产力水平。

第二，通讯社专业化的生产带来了报社交易费用的降低。新闻媒介之所以需要通讯社，原因在于通讯社可以降低交易费用，提高经营效率。从通讯社发展的历史来看，通讯社的竞争力与优势有两个：一是通讯社庞大的网络资源；二是通讯社的加工能力。网络资源是指通讯社的新闻信息搜集网和传播网。一个通讯社要想保持足够有力的市场地位、权威地位和竞争能力，就必须拥有足够强大、高效率的新闻信息搜集网和传播网。加工能力是指通讯社的新闻信息加工能力，这是其他新闻媒介不擅长或难以做得更好的一种能力。通讯社通过这两种能力批发式地向用户提供信息，就可以极大地降低自己和用户的交易成本，实现信息交易的"双赢"。

第三，通讯社的专业化经营带来了自身核心能力的提升。核心能力是指一个企业由于长期从事某一专业领域而拥有的资源与经验，并在此基础上形成了自己与同行的差异。通讯社核心能力的提升十分明显地体现在运用庞大的信息网，以最快的速度报道新闻事件上。而这一优势是专业分工所带来的。

第二节　广播电视媒介经营管理的历史演进

广播电视是20世纪以来对人类社会生活影响最大的媒介。与纸质媒介不同，广播电视是电子传播媒介，即将声音、文字、图像等信息转变为连续的电子信号，通过有线或无线的方式传播出去，供受众收看或收听。

广播电视的出现，有赖于世界上许多科学家的共同努力。1864年，苏格兰数学家麦克斯韦提出了著名的电磁波理论。1887年，德国物理学家赫兹验证了麦克斯韦关于电磁波发生和接收的理论，由此为发展无线电广播的应用奠定了基础。真正对无线电应用做出开拓性贡献的是俄国人波波夫和意大利青年发明家马可尼,他们在1895年宣告发明了无线电传送技术。在随后的几十年中,加拿大人费辛顿在美国通用电气公司的帮助下,于1915年生产出当时最好的交流电发射机。英国的贝尔德于1925年4月在伦敦向公众展示了第一台机械电视机。

1920年10月27日,世界上第一个广播电台KDKA在美国宾夕法尼亚州的匹兹堡市正式创办。几年后,在中国的上海,美国人奥斯邦开办了中国第一家无线广播电台。电视则在20世纪二三十年代首先在英国、美国和德国等少数几个国家出现。1929年,英国广播公司开始试播无声电视,到了1935年,英国广播公司建立了电视节目机构。

广播电视的发展至今已历经百年,在这100多年的发展历程中,其经营管理的经验值得我们好好去借鉴。

一、广播电视媒介的技术革新

从广播电视的发展史可以看出,相较于报刊,广播电视的发展更依赖近代以来科学技术的进步,从最初的电能的发明与运用、无线电的发现、音频视频的运用到当下数字技术的采纳,我们看到,技术革新是广播电视媒介发展的关键。

以中国广播电视的发展为例,40余年来,中国广播电视经历了卫星广播电视技术到有线电视网络技术再到数字技术应用的"发展三部曲"。

(一)卫星广播技术的应用

中华人民共和国成立后,人民广播事业得到迅速发展和壮大。但由于广播电视节目的技术传送手段落后,严重影响覆盖网的建设。在20世纪80年代中期以前,中央电视台的节目只能靠微波和高山台差转接力方式向下传送;而中国70%的国土是山区,因此环节多、质量差、覆盖面小。广播电视节目传送这一长期困惑广播电视事业进一步发展的难题,一直到1985年中国开始利用通信卫星向全国传送广播电视节目才得到了根本性的解决,从此中国广播电视事业发生了革命性的变革。

卫星广播电视是 20 世纪 70 年代出现的新技术，是人造地球卫星的一项重大应用成果。它具有覆盖面大、容量大、传输质量好、投资省、见效快等优势，对于幅员辽阔、地形复杂的中国来说，它是解决广播电视节目传输和覆盖的最有效手段。从 20 世纪 70 年代中期起，中国就致力于发展卫星广播，直到 1984 年 4 月中国第一颗试验通信卫星"东方红 2 号"发射上天，成功地进行了广播电视节目传送试验。继而经中央批准，从 1985 年起，实现了卫星广播的实际应用。

从 1985 年起，卫星广播电视从中央发展到地方，从电视发展到广播，从 C 频段发展到 Ku 频段，从模拟传送发展到数字传送，从转播发展到直接入户，从而使中国在卫星数字广播电视的应用上进入了世界先进行列。

卫星广播的迅速发展，扩大了广播电视节目的覆盖面。1985 年，中国广播电视覆盖率仅为 68%，截至 2022 年，中国有广播电台、电视台、广播电视台 2527 家，国内广播和电视覆盖率分别达到 99.65% 和 99.75%。卫星广播的迅速发展给受众提供了几十套优质的广播电视节目。现在，即便是边陲小岛，人们打开电视机就能收到各省的电视节目（通过有线电视），而且图像质量和在大都市收看的效果一样好。卫星广播的迅速发展还使中国中央电视台和国际广播电台的各套节目优质地传送到五大洲，为在当地"落地"提供了保证。

（二）数字技术的应用

中华人民共和国成立后相当长一段时间内，广播电视台播出的广播和电视节目采用的是模拟技术，即广播电视节目的信号波形是模拟信息变化而连续变化的。模拟广播电视的显著缺陷是经过多次复制和长距离的传输后，图像和声音的损伤会积累。

随着数字处理、数字储存、数字传输技术的日益成熟，20 世纪 90 年代全球数字化浪潮的兴起，数字广播电视技术，包括制作、播出、传输、发射和接收各环节也趋于成熟。

中国广播电视从模拟技术到数字技术的过渡始于 20 世纪 90 年代初，首先是广播和电视中心设备的数字化更新。在中央人民广播电台、中国国际广播电台和经济发达地区的电台率先推广使用了数字化的音频制作、播出设备。1997年，中国国际广播电台的新业务楼建成播出时，实现了全数字化的节目播出。中央电视台也大力推动数字化进程，全数字化演播室、非线性编辑系统、数字录像机被大量采用，数字 SNG 和数字转播车的投入使用，不但进一步提高了电视节目的制作质量，而且还增强了时效性。

由于数字压缩技术的成熟和应用，数字技术也进入了广播电视传输领域。1997 年 1 月，我国在卫星广播电视中正式采用国际通用的数字压缩技术标准来传输广播电视节目。原来一个卫星频道只传输一套模拟电视信号，现在可以传 5 套，甚至更多，带来了更高的频谱利用率和传输的经济效益，并使各省的电视节目都获得了上星的机会。目前，利用数字压缩技术在有线电视中传输电视节目的技术已成熟，标准也已制定。数字化给有线电视带来了更大的生机和活力。

广播电视的数字化给广播电视带来了重大的变化，主要表现为：节目质量提高，透明传送，即使在很远的地方接收也如临现场；节目制作可运用多种手段，使节目更加丰富多彩；节目套数大量增加，充分利用频谱资源，并可开展按需点播节目业务；实现数据广播等多媒体广播；出现新的广播方式，如高清晰度电视、数字声音广播等；提高节目制作的效率，节省人力资源。

（三）有线电视网络技术的应用

1974 年，北京饭店安装了第五套共用天线电视系统，标志着中国有线电视诞生。但真正的有线电视网络的发展始于 20 世纪 80 年代后期，即市、县有线电视网的建设。

当初，有线电视网的建立有两大原因：一是城市天线电视的质量不能令人满意，尤其是高楼林立，对电视信号传播的阻挡造成图像重影；二是无线电频率资源紧张。一般来说，市、县只能分配到 4 个电视频道，用来转播中央、省、市、县台的电视节目，要收转更多的节目就没有可能。

20 世纪 80 年代末，有线电视技术在美国、欧洲已开始迅速发展。有线电视的容量大、传输质量好等显著特点可以解决当地无线传输的不足。有线电视在我国快速兴起，在 1990 年 11 月广播电影电视部颁发《有线电视管理暂行办法》

后得到迅猛发展。

随着光纤技术、数字技术和信息技术的进一步发展，有线电视在20世纪90年代中期后逐步成为各国信息高速公路基础设施的组成部分，得到各方青睐。有线电视的宽带、交互等功能进一步得到推广和应用。

中国有线电视终端用户在1990年为1300万户，到2000年已增加到9000万户，成为世界上有线电视用户最多的国家。中国有线电视网能向用户提供几十套中央、各省和本地的电视节目，有的还开展了多功能数据信息服务；有线电视的区域联网在"九五"期间得以实施，目前国家广电光缆干线已连通中部、东部24个省、自治区和直辖市，中国有线电视网已成为国家信息化的重要组成部分。

有线电视技术给广电事业带来的变化是深刻的。主要表现为以下几个方面：

第一，扩大了广播电视的有效覆盖率，提高了收视质量。有线电视网是可以同时传输音频广播节目的，但由于种种原因，在绝大多数网络运行中，目前只传送电视节目。仅就电视覆盖而言，有线电视大大地提高了用户的收视质量，而且使原先看不到或看不好电视节目的地方，都看到了图像清晰的电视节目。

第二，使用户能看到几十套以上丰富多彩的电视节目。基于有线电视本身的大容量，通过和卫星传输结合，有线电视网能将几十套甚至数百套（采用数字传输后）电视节目传送到用户终端。中国20世纪80年代就开始兴起"四级办"模式，其实真正的"四级办"在有线电视发展后的20世纪90年代才真正得到了体现。如果没有有线电视的普及，中央电视台的第2~8套节目就不可能有目前这样大的覆盖率，不能如此广泛地被亿万用户收看。

第三，有线电视的多功能开发，使用户得到更多、更广泛的信息服务，如视频点播、因特网接入、计算机联网、股市行情播报、金融服务、远程教育、电视会议和高速数据传输等，进一步影响了人们的工作、生活质量和方式。

第四，有线电视的资费政策，为广播电视事业的发展注入了活力。无线电视在中国一直是不收费的，电视台主要靠国家财政和广告收入维持运营。有线电视是在和无线电视同播基础上诞生的，最初只作为"无线电视的延伸、发展和补充"而存在，但它在一开始采取的"有偿服务"的资费政策得到了国家和民众的承认。建设有线电视，收初装费；运行后，收取收看维护费；播出广告，收广告费。从这个意义上来讲，有线电视也是中国电视经营历史上的重大变革。

（四）科技发展对广播电视经营的影响

在广播电视媒介领域，数字技术的发展实现了电视与信息的有机结合，这是电视媒介自诞生以来的最大一次技术革命。与此同时，伴随着数字革命，电视媒体由模拟形态向数字形态转变，从而带动了整个市场结构与观众消费行为的巨大变化。因此，广播电视的经营管理必须同步调整以适应这一时代的变迁。就数字电视这一对社会公众影响最大的媒介形态而言，它在经营管理上主要有如下的策略。

1. 重塑产品营销策略：节目内容的差异化

在高度细分和专业化的市场下，数字电视需要提供独特的内容来吸引不同定位的消费者。拉动数字电视频道销售的主导力量来自内容，这也是所有媒介发展的公理和定律。如果在内容和服务方面，数字电视不能给用户提供足够的"收益"，满足用户的消费意愿，那么数字电视的可持续发展将缺乏根基。在数字时代，节目制作的高质量和节目内容的差异化成为网络运营商首选的营销策略。

2. 改变价格营销策略：收入来源的结构化

数字电视的发展建立在原有模拟电视的改造基础上，其收入来源一方面继承了原有的"收视费＋广告"模式；另一方面不断开拓增值业务。数字电视的收入来源除了传统的广告收入之外，主要有5个层次结构：第一层，数字基本频道，以本地和中央电视台的无线频道为主，只向用户收取基本维护费；第二层，基本付费频道，以本地有线和各省的上星频道为主，是一般用户的基本需求；第三层，单个式付费频道，即通常而言的数字付费频道；第四层，视频点播，具体分为准视频点播和完全视频点播；第五层，其他增值业务收费，如电视节目指南、电子商务和家庭银行等业务的收费。[①]

对于上述5个不同层次的收入可以采取不同的价格策略：第一层的基本频

---

① 潘可武，2015. 媒介经营管理：创新与融合［M］. 北京：中国传媒大学出版社.

道是根据政府的统一定价，没有价格定位与操作的空间；对于第二层和第三层收入可以捆绑式定价，将多个基本节目作为一个整体包，给予一个特别优惠的价格卖给用户；第四层和第五层的业务则需要针对网络互动电视（IPTV）的发展态势采取竞争导向定价法，同时结合采用认知价值定价法，根据消费者在观念上对节目的认可价值采取相应的策略。

3. 调整客户策略：用户服务的专业化

在模拟电视时期单一广告收入模式和频道资源稀缺的情况下，中国传媒运营者特别是强势媒体在客户服务方面市场化程度普遍不高，对数字电视来讲，收入将由模拟电视的单一广告收入模式转变为付费加广告的收入模式，而付费收入将成为主要的收入来源。因此，传媒运营者关注的焦点由广告主转变为用户。在数字电视建设初期，如何利用营销手段吸引用户的加入，在数字电视建设的中期和后期，用户是否愿意为其节目支付收视费，是否有兴趣参与运营商提供的相应互动活动，是影响数字电视成败与否的关键因素。在模拟电视运营开通电视频道时，传媒运营者与广告商签订合同，而在数字电视时代，传媒将直接面对广大用户，并与用户签订数以百万计的合同。数字电视与用户之间的互动关系要求运营商根据用户的消费习惯和认知细分市场，提供专业化、差异化的服务。

二、电台、电视台的频率、频道专业化，制片人及制播分离

与出版社、报刊社等印刷媒体相比，现代广播电视有更复杂的经营管理结构。在继承印刷媒体经营管理模式的基础上，广播电视还创造了更独特的经营管理理念和制度体系，"频道专业化""制片人制度"及"制播分离"等就是重要的代表。

（一）广播频率专业化和电视频道专业化

广播频率专业化是指电台要有自己的特点，目标受众要明确，要通过有特色的节目形式和内容来吸引特定的收听人群。电视频道专业化指的是电视媒体

经营单位根据电视市场的内在规模和电视观众的特定需求，以一个频道为单位进行内容定位的划分，使其节目内容和频道风格能较集中地满足某些特定领域受众的需求。这是目前国际电视传播业发展的一种明显趋向。

无论是广播频率专业化还是电视频道专业化，它们的理论根据都是来自市场营销学中的"市场细分理论"与"分众化"消费理念。"市场细分理论"最早是由美国学者温德尔·R.史密斯在 1956 年提出的，其核心内容是根据构成总体市场的不同消费者的需求特点、购买习惯，将消费者细分为若干个相类似的消费群体，然后针对不同的消费群体，从产品计划、分销渠道、价格政策直至推销宣传，采取相应的整套市场营销战略，使企业商品更符合各个不同消费者阶层和集团的需要，从而在总体上提高竞争力，占领较大的市场。

因而，广播频率和电视频道的细分与专业化是广播电视作为一个产业进入成熟阶段的标志，随着分工的精细和定向化，广播电视传播的效果与效益会极大地提高。例如，HBO（家庭影院频道）、ESPN（娱乐体育频道）、MTV（音乐频道）等专业频道在世界广电行业拥有极高的影响力，并创造出巨大的经济效益。

我国的广播频率、电视频道专业化起步时间较晚。在 21 世纪初，伴随着电视产业的发展，电视台之间竞争激烈，我国受众分化现象日益明显，电视频道专业化作为迎合全球电视发展潮流的重大举措应运而生。这也被称为中国电视业在 20 世纪 80 年代以来继"四级办电视"后的"第二次创业"。[①]

从当前电视实践上来看，频道专业化具有如下优点。

第一，适应分众化传播的需求，使电视传播价值由笼统、模糊变得更加具体，实现了传播价值的扩大化。

第二，有利于电视台重新整合各种资源，整体上形成品牌效应，并促进了个性化栏目的涌现和品牌栏目的成长。

第三，适应了媒介竞争的需要，实行品牌战略后，大大提高了电视台的竞争力。

同时，在广播频率、电视频道专业化发展与繁荣的背后，中国广播电视依

---

① 张骏德，2002. 频道专业化——中国电视的第二次创业［J］. 新闻界 (2): 46-47.

然存在着许多亟须解决的问题,主要表现为以下几个方面。

第一,同质化程度高,频道设置雷同。目前,中央以及省、市两级电视台的频道设置基本上是新闻、财经、体育、生活时尚、文艺、戏曲、影视剧7种,连频道的名称都大同小异,极少有特色的频道。

第二,频道的专业程度低。例如,各地都设有财经频道,这是一个很专业的频道,它应该以投资者为主,但我国的财经频道都是以消费者为主。所以,除了财经内容外,大部分都是商品消费节目,包括商品供销信息、精品名品指南等,还播放电视剧、体育赛事。从专业频道的节目构成、目标受众看,目前的专业频道仍是准综合频道。

第三,市场机制仍不健全,盈利模式较为单一。中国电视频道专业化步伐缓慢的主要症结在于媒体盈利模式的单一,即广告收入几乎占到总收入的绝大部分。不仅电视媒介如此,广播媒介同样如此。在这种情况下,电视只得拼命增加频道,广播也只能尽量提高收听率,从而占有更大的广告市场份额。而广播电视所要求的节目专业化、人才专业化、市场专业化以及广播电视节目交易体制并没有真正完善。

(二)制片人制度及制播分离

"制片人制度"起源于20世纪20年代的美国,是电影制片厂老板为控制导演开支过大、降低成本的一项管理制度。制片人则是指在影视制作中对节目的内容、人员组成和经费运作进行把关的人,是受本单位法人代表委托,在创作集体中的全权代表、总负责人。[1]

电视节目制片人制度是市场经济条件下,电视台为加强和改善节目生产管理,提高节目生产效率,形成节目市场的一种积极而有益的尝试。在电视节目的集体创作中,制片人是这个创作集体的责任者,他要负责构思节目的主题,制订拍摄计划,领导整个制作过程,从最早的选题到最后的审片都要参加。因此,制片人在节目组中,既是组织者又是管理者,担任这个角色的人不仅要具有独创性、渊博的知识和灵活的头脑,并且还要有较强的组织能力。

---

① 卢永明,2002. 电视制片人制刍议 [J]. 当代传播 (5):79-80.

　　制片人制度得到普遍认可和实行有下述原因。第一，在市场方面，过去电视台的收视调查主要是针对广告客户，较少重视观众的需求。实行制片人制度后，观众的需求成为制片人首先要考虑的问题，这就为观众市场的细分和精品节目的诞生奠定了基础。第二，在节目质量上，实行制片人制度的节目，由于追求"质量决定创收"的良性生产制度，所有的人事安排和节目调度都为"产品质量"而服务，因而有效地避免了各种盲目状况。例如，中央电视台的《东方时空》栏目，它所实行的就是制片人制度，制片人一般由电视台各级部门聘任或聘用。对栏目内的工作人员，制片人拥有较大的聘用和解聘的决定权。这就在很大程度上解决了电视节目集体生产中那种机构臃肿、人浮于事的弊端，能够发挥每个人的主动性。

　　"制播分离"就是制作与播出分开，电视台只制作新闻节目以及部分核心栏目，大部分节目由独立制作公司提供，这就是经济学上所谓的"外包"。制播分离可以充分利用社会资源，包括各界的人力、物力和财力，大大节省电视节目成本，保证电视频道有充足的节目来源。事实上，除向国外收购的有些节目以现金支付外，国内电视节目和部分外国进口节目都是最原始的"以货易货"，各家电视台之间基本上是相互交换节目。而电视台对制作公司主要以电视广告时间交换电视节目（例如，每集 45 分钟左右的电视剧交换 60 秒钟的广告时间）。

　　综合来看，制播分离一方面释放了电视台的活力，让其有更多的时间与精力专心做新闻，并且较好地整合了社会资源。但制播分离实行多年来，却一直缺乏行业规范与法律约束，很多制片公司难以得到健康的发展，电视台在人才流失上也缺乏应对之策。中国广播电视业的制播分离制度尚在探索和初步发展阶段，未来还有很长的路要走。

第三节　数字媒体经营管理的基本理念

　　信息社会离不开媒体的承载。与报刊、广播、电视等传统媒体不同，新兴的网络媒体、数字媒体为我们提供了一种全新的视角及对世界观察的方式。在传播技术上，新的在线及无线服务层出不穷，而新的内容更令人目不暇接，在数字媒体时代，传统的经营管理理念被打破。国外学者根据数字媒体的特性相继提出了一系列全新的理论框架，以期对新媒体的经营管理活动进行诠释和指导。

一、数字媒体经营的空间拓新——"蓝海战略"

与传统媒体经营管理注重现有市场的横向拓展和盈利模式的强化不同，数字媒体经营主张拓展全新的市场空间，创造全新的盈利模式。2005 年，欧洲工商管理学院国际管理学教授 W. 钱·金和战略与管理学院教授勒妮·莫博涅合著的管理学名著《蓝海战略》风靡全球，不仅让许多知名的企业纷纷效仿，也让媒体经营者感到耳目一新。《蓝海战略》的核心内容是企业与市场"竞争"可以分为"红海战略"和"蓝海战略"，聚焦于传统的红海等于接受了商战的限制性因素，即在竞争惨烈的、市场资源已近枯竭的领域继续求胜；而运用蓝海战略，则更鼓励技术创新与视野调整，冀望于超越竞争对手和现有竞争边界，到一片尚未被开发的"处女地"重新获得机会与利润，从而实现产业与市场结构的转变。

中国的传媒市场竞争十分激烈，特别是传统媒体的处境令人担忧。2022 年，在保持了多年增长后，中国传媒产业总产值出现下滑，其中，广播广告收入73.72 亿元，同比下降 28.09%；电视广告收入 553.23 亿元，同比下降 19.11%；图书零售收入 871 亿元，同比下降 11.77%，与之相反，网络视听收入 4419.8 亿元，同比增加 22.95%。[①]

因此，跨越行业边界，从"红海"之外寻找"蓝海"，是传媒产业突破现有发展瓶颈的必然选择。具体到媒体经营层面，那就是尝试跨越纸质媒体或广播、电视媒体的限制，尝试网络媒体、数字媒体等新媒体方式的经营。近年来，学界、业界关注的焦点都集中在如何进行多种媒体形态的融合，如何打造一个数

---

① 崔保国，赵梅，丁迈，等，2023. 传媒蓝皮书：中国传媒产业发展报告（2023）［M］. 北京：社会科学文献出版社.

字化平台，如何在数字化市场中开辟新的"蓝海"。

数字化经营的关键是要创新传统媒体的经营理念，整合网络媒体、手机媒体，把内容作为一种可以重复利用的资源进行跨媒体、多层次、立体化的经营。在这种理念的指引下，近几年来，中国的传媒数字化经营主要有以下几个举措。

（一）创建自己的网络平台，利用网络平台开创新的受众群体

打造网络平台的先行者是报纸媒介。早在1998年，《扬子晚报》就开通了以纸媒内容为依托的扬子晚报网站，其后越来越多的报纸"触网"成功，纷纷推出网络版。报纸的内容真正延伸到了网络。这种简单的"报网互动"由于只是将报纸上的内容完全复制到网站上，实际上没有真正理解网络媒介的传播规律，也未能真正了解网络受众与传统媒介受众的区别。与传统媒介的"受众"相比，网络媒体所面对的是"用户"。因此，用户体验的好坏，直接关系到媒体"触网"是否成功。

（二）建立网络化、数字化平台，实现媒介经营的数字化

数字化的转型，要从体制和机制上为数字化生产、传播、营销、投资和管理搭建统一的平台和战略架构，实现媒介产品的多平台、多介质、多层次、多次的销售。融合背景下的传媒集团是对"多种媒介新闻生产流程的重组和整合……新闻采集一次性完成，新闻加工方式与发布渠道却是多元化的，新闻信息资源由此能得到全方位的深度开发，新闻产品链由此形成"。[①]《浙江日报》与浙江在线之间的"报网联动"策略，可谓以往"报网互动"的升级。所谓"联动"，不仅仅指在内容上把报纸等媒介的网络版视作另一个版本，重要的是更加重视互补性的资源配置，充分利用各自的优势实现统一的有序管理和合作。例如，在获得中国新闻奖的"永恒的长征"专题报道中，围绕什么是长征精神和怎样弘扬长征精神等话题，网民提问，现场互动，网上跟帖、留言近9000条，第二天，《浙江日报》则通过大幅报道真实再现本次直播的过程，取得了事半功

---

① 蔡雯，2007. 试论"融合新闻"的特点与运作［J］. 新闻战线，(1)：68-69.

倍的效果。

（三）通过数字化整合，打造品牌

蓝海战略的最终目标就是在明确自己的定位后，通过市场细分找到经营的焦点，最终打造自己的品牌。我国的电视台通过多年的市场打造与观众培养，形成了各自不同的品牌号召力。

我国传媒业的竞争虽然十分激烈，但仅仅依靠同质化、跟风式的竞争并不可取，只有增强品牌意识，通过构建数字化跨媒介的经营方式，才是加强竞争力的有效方式，才能做到价值和创新的统一，赢取属于自己的"蓝海"。

二、数字媒体的内容生产——"众包"假说

传统媒体的内容生产由专业记者与编辑承担，并需经过严格的层层把关和重重过滤。但是，数字媒体的内容生产完全打破了这一既定模式。由于受众自主参与内容的生产与发布，使数字媒体的内容生产模式发生了重大变化。2006年6月，美国《连线》杂志记者杰夫·豪在一篇文章中首次提出"众包"理论，宣告了一个崭新商业模式的诞生。按照杰夫·豪的设想，"众包"是指企业利用互联网将原来由企业内部人员完成的工作分配出去，以此来发现新的创意并最终解决问题。这种做法类似于中国古代的"悬赏"公告，有人通过高价悬赏，向民间征集线索或解决方案，最终解决难题。国外也曾有过类似的做法，比如，早在18世纪，英国政府就曾经通过公开悬赏求解经纬度的问题。它的核心思想是利用民间的力量，集思广益，求智于民，破解一些在现有情况下无法解决的难题。

不过，在缺乏工具和手段的年代，"集思广益"所需的成本代价是极其高昂的，"悬赏"信息的发布就是一个不小的难题，因为接受信息人群的多寡往往是传统"悬赏"成功的关键所在。而在通信工具匮乏的时代，悬赏者往往只能通过传统的"张榜""公告"等形式征集"创意"，而"张榜"所能覆盖的范围非常有限。因此，"众包"这一手段在很长的时间里并没有得到很好的发展。

互联网的出现为"众包"的复兴带来了革命性影响。互联网时代的受众不仅是信息内容的接收者，更有能力参与互联网内容生产的行列。这种互联网内容的双向传播与共享，使商家面向大众寻求商业智慧和灵感成为可能。美国的Threadless.com T 恤衫厂商网站就是将"众包"理念运用到商业领域的成功典范。该网站是由杰克·尼克尔和雅各布·德哈德于 2000 年创办的，他们都是芝加哥在线社区 Dreamless 的积极参与者，这里云集了众多服装设计师。杰克·尼克尔赢得了 Dreamless 发起的 T 恤衫设计大赛，于是萌发了建立一个 T 恤衫设计社区的念头。Dreamless 的组织者都承认，社区收到的 T 恤衫设计方案之多，品质之高，令他们惊叹。

通过这个信息平台，Threadless 每周都能为其中一个产品挑选出 6~10 个新设计方案。胜出者会收到总价值 2500 美元的现金和奖品。更关键的是，其设计才能会得到大家的公认，每一件 T 恤衫的标签上都印有设计者的名字。Threadless 的商业模式让很多商家震惊并开始模仿。

新闻界对"众包"理论的实践始于 2007 年，杰夫·豪所在的《连线》杂志与纽约大学新闻系教授杰·罗森于该年年初共同成立了一个名为 Assignment Zero 的网站，希望普通公众不但能提供新闻来源，更能参与新闻的报道与写作，这就是新闻领域"众包"的开始。罗森是 20 世纪 90 年代首倡"公民新闻运动"的学者，有美国"公民新闻之父"的美誉，他在 2007 年的"众包新闻"尝试，也被有的学者认为是借此促进美国"公民新闻"的再发展。①

在 Assignment Zero 网站，大众可以在"新闻记者速成初级读本"（A quick Journalism Premier）的指导下，从一个普通受众变成新闻记者。在成为网站会员后，参与者可以到名为"铲子"（The Scoop）的栏目中查看或提供自己感兴趣的话题，这个栏目就是一个"虚拟新闻中心"，每天都会有网站编辑针对大家提供的信息提出建议，回答问题，并选择需要的主题。在反馈后，编辑会把报道所需完成的任务分成几个板块，如采访、研究、调查、写作，参与者可以到"任务分配"（Assignment Desk）栏目中根据自己的特长和兴趣选择可以从事的项目，可以选择"群包"，即与人合作完成；或"独包"，即自己独立完成。如果选择"群

---

① 吴乐珺，2007．"众包"模式推进美国公民新闻再发展［J］．国际新闻界，(8)：41-42.

包"，参与者则可以在任务进行过程中进行自由选择，可以在任何时间发布获取的信息，是一个正在进行时的工作过程，但网站会对参与此项任务的总人数加以限制；而选择"独包"则意味着这项任务只能由你一个人来进行。一旦确定任务，参与者可以在网站上获取一个报道页面（Reporting Page），作为暂时的网络工作地点，可以用来发布新闻，查看他人的评论和编辑讨论。参与者还可以时常登录论坛，发表自己在从事"新闻工作"中的感受和见闻，并和他人交换信息。

新闻领域中的"众包"往往能够突破媒体自身记者、编辑在知识背景、新闻线索获取上的局限，使一些原本无法展开的新闻报道得以顺利完成。例如，美国最大的报业集团甘奈特集团在 2006 年就开始进行"众包"的试验，将其旗下 90 家报纸的编辑部对所有读者开放，读者可以通过网站为正在发生的新闻提供消息或意见。有一次，一位读者给报社打电话投诉，说为新房子开通自来水和排水管道，有关部门竟然要收取 2.8 万美元。以往报社的做法是立即着手调查事情的原委，然后在几个月后登出长篇调查报道。但这个案例所涉及的既有政府部门不愿透露的内情，又有比较专业的管道维护知识，而报道发表的时间过长，会让当事人处于漫长的等待之中，从而损失更大。因此，报社借助"民智"，将此事发布在网上，希望读者来做一次记者，找出费用畸高的可能原因。结果，公众的热情高涨，网站出现了前所未有的高流量。还有的工程师志愿帮忙解读工程蓝图。最后，迫于压力，相关公共事业单位将收费降低了 30%。[①]

因此，数字媒体时代的"众包"理念带给新闻实践的好处，正如甘奈特集团新媒体内容副总裁詹妮弗·卡罗尔所总结的那样：一是极大地降低了人力成本；二是增加了受众的参与程度。而其中的第二点，将会在日后媒体的发展中扮演着越来越重要的角色。

三、数字媒体的营销模式——"免费"假说

传统媒体的内容产品通常采取付费销售的模式，受众一般须支付一定的货

---

① 卫蔚，2010. 新媒体时代国际新闻"解困"之道——地方报纸"众包"报道模式探析［J］. 新闻记者，(5)：115-116.

币方可获得产品。但是，随着信息过剩时代的到来，受众越来越倾向于免费获得信息，其消费习惯发生了重大变化。1995 年，在瑞典首都斯德哥尔摩的地铁里出现了世界上首份面向大众的免费报纸后，需要付费购买报纸来获得信息的常规开始发生动摇。随后，北欧两家免费日报《国际地铁报》（瑞典）和《20 分钟报》（挪威）成功打入欧洲和美洲的十几个国家。

给传统媒介带来更大冲击力的是数字媒体的进一步发展，从网络上免费获取信息被视为天经地义的事情。2010 年，随着 iPad 旋风刮进中国，国内大小纸媒的转型趋势更为明显，但传统媒体的数字化转型，从经营上看并不等于说把内容放到新媒体上，用数字化呈现就会有人购买，就能赚到钱。2010 年 1 月，《人民日报》首开先河，宣称将开启"网络电子版付费阅读"模式。但不到 3 个月，《人民日报》就发表声明："为方便广大读者，同时考虑到读者的阅读习惯，经研究决定，从 3 月 5 日起，《人民日报》数字报前四版内容长期免费，五版及五版以后版面内容当天免费。"①这显示，在长期免费获取信息的惯性思维下，"收费看新闻"很难奏效。

美国《连线》杂志的主编克里斯·安德森提出的"免费经济"营销模式给传媒业带来很大的震动。在《免费：商业的未来》一书中，安德森认为，这种新型的"免费"商业模式是一种建立在计算机字节基础上的经济学，而非过去建立在物理原子基础上的经济学。这是数字化时代的一个独有特征，如果某样东西成了软件，那么它的成本和价格也会不可避免地趋于"零"。这种趋势正在催生一个巨量的新经济，这也是史无前例的，在这种新经济中基本的定价就是"零"。对受众来说，"免费"是一种荡涤旧有思维的商业体验。而对企业来说，"免费"更多的是一种生存法则，一种可以改变旧有发展模式而实现蜕变的"动力机器"。在《免费：商业的未来》一书中，安德森将免费分为 4 种模式：直接交叉补贴模式、三方市场模式、免费加收费模式、非货币市场模式。②

（1）直接交叉补贴模式。这种模式的最大特点是商家把一种产品以低成本甚至零成本让利给消费者，其目的是在其他数量更多、利润更高的产品中

---

① 张静. 人民日报电子版取消收费，称考虑读者阅读习惯［N］. 新京报，2010-03-20.
② ［美］克里斯·安德森，2009. 免费：商业的未来［M］. 蒋旭峰等译. 北京：中信出版社.

吸引消费者而从中获利。例如，移动电话服务商提供给顾客的手机包月通话服务，通话服务通常并不挣钱（特别是那种每月包话费和短信的服务），它把这一价格压低，是因为它知道这是顾客选择移动电话服务商的首要考虑因素，而此后客户每个月使用的其他服务，如流量费等将是一个很大的盈利点，如图 2-1 所示。

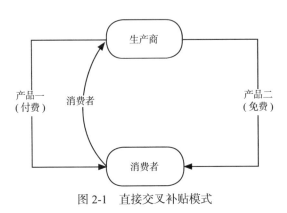

图 2-1　直接交叉补贴模式

（2）三方市场模式。即生产商会免费给消费者提供信息产品，广告商则向发行商付费，从而形成一个三方市场。这其中的奥秘是生产商其实把消费者的注意力卖给了广告商而从中获利，这就是报刊、广播、电视的经营模式。如图 2-2 所示。

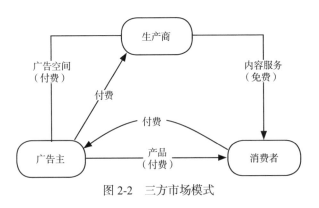

图 2-2　三方市场模式

（3）免费加收费模式。它实际上就是"5% 定律"，也就是说，所有用户中只有 5% 是付费用户，他们也是商家的全部收入来源。其余 95% 的用户都获得一些免费商品，由于这部分免费商品都是有成本的，因此商家在推广期免费赠送的和实际销量相比只是很小部分，他们的目的就是吸引消费者的眼球，以刺激更多的商品消费，如图 2-3 所示。

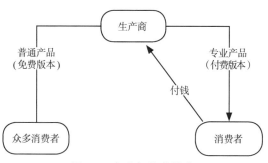

图 2-3　免费加收费模式

（4）非货币市场模式。这种运营理念认为，金钱并非人们行为处事的唯一动力，利他主义的动机是时常存在的，而这种利他主义的动机也比较复杂，包括赢得关注度及名誉，当然也包括其他一些不容易察觉的动机，像表达观点、分享快乐、种下善因、得到满足等，如图 2-4 所示。

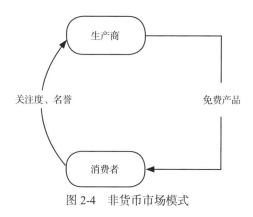

图 2-4　非货币市场模式

从中国数字媒体发展的历程来看，"免费模式"大体经历了以下 3 个阶段。

（一）在线内容免费

在线内容免费是指提供在线免费的文字、图片等信息，这些信息具有较高的真实性和价值，而内容的提供商是企业、组织而非个人。1995 年，《中国贸易报》成功上线，成为首家提供免费信息的中国报纸，大规模的数字报纸媒介的兴起是在 2000 年前后。

目前，在线内容免费的主流形式有以下两种：

（1）传统媒体内容在数字化技术的背景下部分或全部形成数字免费内容，如上文所提及的《人民日报》就采用免费的做法，这与国内大部分传统媒体的数字化营销模式相同。当然，也有采用部分免费的媒体，像凤凰网上的普通文字信息是免费为公众提供的，但如若要下载电视视频节目，则需要注册收费。

（2）门户网站，其生存方式为广告和增值业务等。

作为第一阶段的两种主要免费模式，其发展趋势有所不同。数字报刊的免费模式逐渐向专业性内容靠拢，并且可能趋向收费。例如，凤凰网的某些电视内容，因为那些内容更接近其核心竞争力。而对门户网站而言，其并没有出现非收费不可的产品，因此其在线内容免费将会更加长久。

（二）在线工具免费

与第一个阶段相比，工具的免费更突出工具在搜索、分类和专业化方面的作用，其背后的运营主体依然是企业和组织而非个人，不过借助专门化工具实现了人际互动的进步。一般将在线工具免费阶段分为两种类型：

（1）百度等依靠搜索工具免费为用户服务，同时又反过来利用用户的反馈积累数据库并将其有效卖出去的生存模式。

（2）QQ、360 等通过即时聊天工具或杀毒软件为用户免费服务，前者诞生于 1998 年，通过 QQ 会员、QQ 形象、移动增值服务等获得利润；后者诞生于 2005 年，通过 VIP 产品收费获得利润。

当然，在线工具免费也存在着一些隐患，并具有垄断的趋势。新媒体视基础用户的数量为生命线，免费和收费产品都仰仗基础用户的数量和忠诚度，因此免费用户的规模决定着高端用户的容量。而一旦基础用户有所疏离，就将面临极大的营销风险。

（三）在线平台免费

第三个阶段为在线平台免费，其典型特征是平台为消费个体提供智力、商品或者娱乐等消费产品，从而凝聚个体为群体，形成具有社区特征的虚拟场所，并建立较为稳固的人际关系。和前两个阶段不同，第三个阶段是个体主导的模式，因此，它也具有完全免费平台性质。在线平台免费也可以分为两类：

（1）以团购等为代表的在线交易平台模式，以免费平台为基础连接供需双方，实际上是碎片化的电子商务式的在线智力交易，而团购网是将碎片化进行了时间、地点或商品对象的规整。因此，第一类免费平台实际上是电子商务。

（2）社交平台模式，是以熟人关系为核心的关系脉络，不是直接的在线交易，依靠流量来获取广告、增值收入等。在线平台免费的实质是提供具有黏性的空间，让消费者在使用其具体功能的过程中形成人际互动网络，是将内容和功能融为一体的模式。①

四、数字媒介经营重心的重构——"长尾理论"

面对互联网时代亿万普通网民"微内容"创造时代的到来，美国《连线》杂志主编克里斯·安德森敏锐地察觉到信息时代数字媒体经营与工业时代商品生产与消费之间的区别。他在系统地研究了亚马逊、eBay 等互联网零售商的销售数据，并在与沃尔玛等传统零售商的销售数据进行对比后，发现了一种特别的现象：这些企业 80% 的利润并非来自 20% 的热门产品，而是来自其余 80% 的非热门产品。那些数量更大的非热门产品，就如同一条长长的尾巴，无限地向远处延伸，如图 2-5 所示。

据此，安德森提出了在互联网世界中，长尾是最重要的价值源泉：我们的文化和经济重心正在加速转移，从需求曲线头部的少数大热门（主流产品和市场）转向追求曲线尾部的大量非热门产品和市场。②换句话说，在网络数字媒体时代，需求不旺或销量不佳的产品所共同占据的市场份额可以和那些少数热销

① 肖叶飞，2016. 传媒经营与管理［M］. 合肥：中国科学技术大学出版社.
② ［美］克里斯·安德森，2006. 长尾理论［M］. 乔江涛译. 北京：中信出版社.

产品所占据的市场份额相匹敌，甚至有过之而无不及。

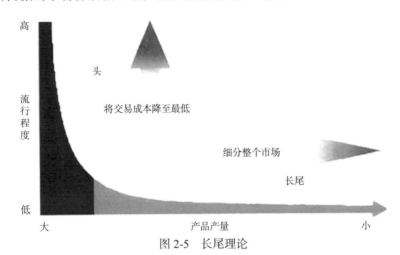

图 2-5　长尾理论

为什么在互联网时代，过去的那些"非热门产品""非主流商品"就具备了如此的魔力呢？

（1）社会进入了"丰饶经济"时代，这是一个与传统的"短缺经济"相对应的概念。在短缺经济的时代，人们关注的是资源的稀缺性和对资源的有效利用，是追求对生产资料和稀缺资源的整合分配，谁能捕捉到匮乏资源便能成为赢家，表现在商业模式上则是大规模的批量生产并同时制造流行，而富有购买力、资讯发达的 20% 的人群会消费掉 80% 的产品。而"丰饶时代"则是指在生产力极度发达的情况下，作为消费者的人群会拥有超乎以往人类历史上任何一个时期的多样选择，并且信息检索成本、商品储存运输成本和边际成本会小到可以忽略不计，消费会更倾向于个人化和定制化服务。而当今互联网时代的消费选择无疑使"丰饶经济"下的"长尾"具有现实可行性。

（2）技术的瓶颈得以突破。技术的瓶颈也是限制"长尾"施展经济魔力的障碍。例如，作为传统媒体的报纸、广播、电视分别受到发行量、频率、频道等资源的制约。而随着网络的出现，海量的信息存储和传输已经成为可能。特别是随着带宽的增加及信息传送的交互性，使普通人都能够自如地上网获取资料并展开自媒体的传播。

因此，就目前的情况而言，数字媒体的"长尾"经营战略，可以从以下几个方面着手。

（1）为消费者提供更加便捷的信息检索和过滤服务。消费者可以根据自己的实际需求，登录百度等搜索引擎或者淘宝、拼多多等交易平台。通过消费者的主动信息寻求，搜索引擎类广告"长尾"自动根据搜索者的需求而有针对性地得到传达，商品交易平台的商品得到购买。但需求曲线上的"长尾"往往聚集了众多的商品，因此除了强有力的信息检索手段外，还应加上对个人商品进行分类的设计，并以此寻求个性化服务并替客户过滤掉不必要的商品。

（2）选定曲线"中部"作为突破口。随着"长尾"的延展，需求曲线的"头部"也会发生相应的变化。安德森认为，这一部分仍将占据主要份额，但是其影响力会减弱。因此，企业在开发"长尾市场"时应选择曲线的"中部"作为突破口，然后再向"尾部"逐渐转移。

（3）进一步发挥差异化、个性化的生产优势。搜索引擎的商业本质是让消费者主动将自己的需求成规模地暴露。每个消费者在搜索引擎上键入自己的搜寻目标，实际上就是差异化、个性化地提出自己的定制要求。而搜索引擎并不是像传统手工艺匠人那样，一个个制作出产品，而是通过软件自动化地实现供求匹配，按照消费者提出的定制要求，自动、低成本地一对一提供服务，满足需求。

互联网时代的到来给我们提出了新的媒体经营挑战，如果说"蓝海战略"的实施是为了规避同质化竞争，开辟新的经济增长点的话，那么，"长尾战略"是在此基础上，通过创意与网络进入个性化服务的时代。

五、新媒体对传媒经营管理的影响

与传统媒体相比，数字新媒体所带来的在传播方式、传播内容以及与受众互动方式等方面的变革，给传媒经营管理带来巨大的挑战与影响，主要体现在以下几个方面。

（一）传播内容与形式更加多样化，受众角色发生变化

新媒体使传播内容和形式变得多样化，主要体现为以下两大类：一类是诸如门户网站、博客、网络论坛等以互联网为信息传播载体的新媒体；另一类是以手机为连接终端的新媒体。

另外，在传统媒体情境下，媒体信息的发布者往往是专业的记者和编辑。但在数字媒体时代，人人都可以借助互联网发表意见，将自己的心得、观点与他人分享，因此在这个"人人都是记者"的时代，传统意义上的"记者""读者""受众"的概念已经变得十分模糊。

（二）新媒体受众日益大众化，媒体受众存在互补关系

据中国互联网络信息中心的报告，截至2022年12月，我国网民规模达10.67亿，而移动互联网用户规模突破12亿，这种趋势必然使新媒体受众日益大众化。此外，传统广播电视的受众正在向着老龄化演变，而新媒体受众通过网络、手机等平台接受信息，是从广播电视市场分离出来的更为年轻的用户群体。因此，如何按照年轻用户的特点来安排和处置新的媒体消费产品，应是新媒体经营者考虑的问题。

当下的新媒体正在改变传统的单纯依靠广告的盈利模式，新的盈利方式表现为以下几个方面。

（1）提供互联网上的弹出式、背景式、嵌入式广告收费模式。

（2）针对媒体产品收费，如网络可以通过网络信息库，数字电视可以通过对用户收取收视费等方式盈利。

（3）将媒体业务与金融服务、商业贸易结合，如影视、音乐等内容的下载收费、产品的订购与在线支付等。另外，新媒体还可以利用数字技术和网络技术降低成本，通过快捷经济的服务实现盈利。

第三章　传媒的营销管理

现代传媒所有的营销行为既是组织经营活动，也是组织管理内容。本章根据传媒市场运行规律，以市场营销理论为工具，探讨媒介的营销战略和策略活动。

第一节　市场营销的基本理论

市场营销经历了从最初的生产观念、产品观念、推销观念到市场营销观念和社会市场营销观念的发展和演变过程。真正的营销观念形成于第四个阶段的市场营销观念，这是市场营销观念演变进程中的一次重大飞跃。

市场营销观念要求企业一切计划与策略应以消费者为中心，正确确定目标市场的需要与欲望，比竞争者更有效地提供目标市场所要求的产品。要求企业营销管理贯彻"顾客至上"的原则，将管理重心放在善于发现和了解目标顾客的需要上，并千方百计地使顾客满意。[1]

一、市场营销的定义

关于市场营销的定义很多，大体可以分为以下几种观点：

---

[1] 周鸿铎，2000. 传媒产业经营实务［M］. 北京：新华出版社.

（1）功能说。市场营销的第一版官方定义是 1935 年由美国营销教师协会提出的，1948 年被美国市场营销协会（AMA）正式采用：市场营销是创造、沟通与传送价值给顾客，以及经营顾客关系以便让组织与其利益关系人受益的一种组织功能与程序。

（2）过程说。美国著名营销学家菲利浦·科特勒认为，市场营销是个人和群体通过创造并同他人交换产品和价值以满足需求和欲望的一种社会和管理过程。

（3）目的说。麦卡锡于 1960 年也对微观市场营销下了定义：市场营销是企业经营活动的职责，它将产品及劳务从生产者直接引向消费者或使用者以便满足顾客需求及实现公司利润，同时也是一种社会经济活动过程，其目的在于满足社会或人类需要，实现社会目标。

随着市场营销理论的发展，其定义也越来越趋近一致。比如，菲利浦·科特勒后来重新定义市场营销，认为市场营销是指企业的这种职能：认识目前未满足的需要和欲望，估量和确定需求量大小，选择和决定企业能最好地为其服务的目标市场，并决定适当的产品、劳务和计划（或方案），以便为目标市场服务。

2004 年 8 月，美国市场营销协会（AMA）也对市场营销进行了新的定义：市场营销既是一种组织职能，也是为了组织自身及利益相关者的利益而创造、传播、传递客户价值，管理客户关系的一系列过程。

学者江亘松把 Marketing 这个词拆成 Market（市场）与 ing（英文的现在进行时）两个部分，认为市场营销可以用"市场的现在进行时"来表达产品、价格、促销、通路（渠道）的变动性导致供需双方的微妙关系。

二、市场营销学的发展

营销行为与市场同时诞生，但有组织的营销活动则要到经济足够发达、产品足够丰富、市场足够繁荣的时代才出现，其规模也随着时代发展变得越来越大，即由简单的市场如集市，到区域市场、国内市场和国际市场。所交换的产品也由简单商品向复杂商品发展、由物质商品向精神产品发展。在市场上就出现各种专门的分类市场，如工业品交易市场、农副产品交易市场、科技产品交易市场、资本交易市场和文化产品交易市场等，媒介产品交易市场就属于其中之一。

市场营销研究起源于美国，其形成阶段在 20 世纪初到 20 世纪 30 年代。那时，世界上主要资本主义国家从自由竞争向垄断资本主义过渡，为了攫取更高的利润，开始把企业的生产经营与市场行为的研究向前推进，形成了以流通领域为主要研究对象的市场营销学。但随着资本主义经济的发展，生产严重过剩，导致 1929—1933 年的经济危机，资本主义国家进入供过于求的买方市场。资本家此时最关注的不是扩大生产和降低成本，而是如何把产品卖出去。争夺市场、"创造需求"成为企业解困的一致要求。

1945 年 9 月以后，整个世界进入长期和平时期，经济空前发展，科技日新月异，产品数量剧增，居民收入不断提高，社会需求趋向多样化。传统的市场营销观念无法应对千变万化的世界。理论界对市场的研究日渐深入，早期的"生产决定需要"的观念已不适应产品丰富的市场，"需要决定生产"成为企业所有生产经营活动的中心议题。把传统的"生产—市场"的关系颠倒过来，根据市场需求组织生产经营活动，确立以消费者为中心的市场理念，成了市场营销学研究的重大贡献。下面是第二次世界大战后市场营销学主要概念列表（表3-1），[①]从表 3-1 中可以看出西方营销理念不断丰富的轨迹。

表 3-1　市场营销学概念列表

时间	20 世纪 50 年代	20 世纪 60 年代	20 世纪 70 年代	20 世纪 80 年代	20 世纪 90 年代
关键词	市场营销组合 产品生命周期 品牌形象 市场细分 市场营销观念 营销审计	4Ps组合 营销近视症（只注重 产品质量） 生活方式 买方行为理论 扩大营销概念	社会营销 低营销（减少 需求的技术） 定位 战略营销 服务营销	4Cs组合 营销战 大市场营销 内部营销 全球营销 关系营销	网络营销 差异化营销 绿色营销 3Rs营销 4Rs营销 整合营销传播

在不断深化对市场营销实践研究的过程中，营销理论相互取长补短，其中一些概念内涵不断扩大，形成概念的集合。

---

① 吴健安，2007. 市场营销学（第 3 版）［M］. 北京：高等教育出版社.

1974 年，诺贝尔经济学奖得主哈耶克提出的"消费者主权理论"为市场营销理论提供了理论依据，也揭示了市场营销理论的秘密，即消费者根据自己的意愿和偏好到市场上选购所需的商品，这样就把消费者的意愿和偏好通过市场传达给生产者，于是所有生产者听从消费者的意见安排生产，提供消费者所需的商品。这就是说，生产什么、生产多少，最终取决于消费者的意愿和偏好。企业、市场和消费者三者间的关系是：消费者借助消费品市场上生产者之间的竞争，行使主权，向生产者"发布命令"。不过，这种消费者用货币给产品投票的"消费者主权理论"只在市场经济社会有效。

三、市场营销组合理论体系

市场营销组合是目前国内外企业最常用的市场营销理论。市场营销组合是指企业基于需求中心论的营销观念，可以用于影响市场需求和取得竞争优势的各种营销手段的组合。各种营销学概念所指涉的内容可以依据不同市场进行匹配，组成不同的市场营销组合模式。当市场营销组合理论成为一种显学之后，相应的理论研究日渐丰富和发展起来，逐渐形成了比较完整的理论体系。

1960 年，麦卡锡把企业开展营销活动的可控因素归纳为 4 类，即产品（Product）、价格（Price）、渠道（Place）、促销（Promotion），因此，提出了市场营销的 4Ps 组合。

20 世纪 80 年代，劳特朋针对 4Ps 存在的问题提出了以顾客为中心的 4Cs 营销理论：瞄准消费者需求（customers need），首先要分析消费者的需求，而不是先考虑企业能生产什么产品；消费者所愿意支付的成本（cost），首先了解消费者为满足需求愿意付出多少钱（成本），而不是先给产品定价；消费者的便利性（convenience），首先考虑顾客购物等交易过程的便捷，而不是先考虑销售渠道的选择和策略；与消费者沟通（communication），通过与消费者互动、沟通等方式，不断整合企业营销方式，把顾客和企业的利益整合在一起。它被称为"顾客营销组合"。

20 世纪 80 年代后期，服务营销组合理论出现了。这是建立在 4Ps 基础上的另一种营销组合。服务营销应包括 7 种变量组合，即在传统的产品、价格、渠道和促销组合之外，增加了参与营销的员工和顾客（Participants）、有形展示（Physical Evidence）、过程（Process）和服务（Service）4 个辅助因素，从而形成 7P1S 组合，它被称为"服务营销组合"。

后来，《4R 营销》的作者艾略特·艾登伯格提出 4Rs 营销理论。4Rs 营销理论以关系营销为核心，重在建立顾客忠诚。它阐述了 4 个全新的营销组合要素：即关联（Relativity）、反应（Reaction）、关系（Relation）和回报（Retribution）。它根据市场不断成熟和竞争日趋激烈的态势，着眼于企业与客户的互动与双赢。4Rs 被称为"关系营销组合"。

20 世纪 80 年代，菲利浦·科特勒曾提出了大市场营销观念，他认为应把政治权力（political power）和公共关系（public relations）也作为企业开展营销活动的可控因素加以运用，为企业创造良好的国际市场营销环境。市场营销的 4Ps 组合发展为 6Ps 组合，即大市场营销。

到 20 世纪 90 年代，菲利浦·科特勒又在营销组合中添加了市场调研（probing）、市场细分（partitioning）、市场择优（prioritizing）、市场定位（positioning）和为人们（people）服务，并且强调，他新添加的 5Ps 属于战略营销层，其中，为人们（people）服务的人本主义观念应该贯彻始终，而前 6Ps 则属于战术层次。这样，市场营销组合由 4Ps、6Ps 发展为 11Ps 组合。如果加上在此前后新的营销组合模式，就形成了一个庞大的营销组合体系，见表 3-2。

表 3-2 市场营销组合体系

核心营销理念 1P（People，顾客，以人为本）		
战略营销 4Ps	Probing 市场探查 =	Research 市场调研
	Partitioning 市场分割 =	Segaentation 市场细分
	Prioritizing 市场优化 =	Targeting 市场选择
	Positioning 市场定位 =	Positioning 市场定位
大营销 6Ps	Political Power 政治权力	
	Public Relations 公共关系	

续表

核心营销理念1P（People，顾客，以人为本）				
产品营销4Ps	Product 产品	=	Consumer 消费者	顾客营销4Cs
	Price 价格	=	Cost 费用	
	Place 渠道	=	Convenience 方便	
	Promotion 促销	=	Communication 沟通	
服务营销7P1S	Participants 员工、顾客	=	Relevancy 关联	关系营销4Rs
	Physical Evidence 展示	=	Respond 反应	
	Process 过程	=	Relation 关系	
	Service 服务	=	Return 回报	

这样，以营销组合为对象的主要理论组成以下体系，它是在为顾客服务的原则下，确立大市场营销观念，制定 4Ps 营销战略，实施包括产品营销（4Ps）和服务营销（含 4P，新增 3P 和 1S，为 7P1S）、顾客营销（4Cs）、关系营销（4Rs）四大营销策略在内的框架体系。

需要特别强调的是，在这个营销组合体系中，各种理论是相互借鉴、相互渗透和相互交叉的，在实际操作中又是可以重新组合的，但要区分战略营销（5Ps）与产品营销、顾客营销、服务营销、关系营销的关系。战略营销是站在组织最高和最本质的利益上，建立与社会和市场的统一协调的关系，而后者是围绕着产品和服务进行的具体活动。战略营销理论具有统驭力量，是后者行为的指导思想。而大营销的 6Ps 则是介于战略营销和战术营销之间，是它与其他 4 类营销组合中的任一组合相加形成的新的营销组合，它们都属于营销策略的范畴。[①]

四、其他营销概念

1.品牌形象
品牌形象是一个综合性的概念，是营销活动渴望建立的、受形象感知主体主观感受及感知方式、感知前景等影响而在心理上形成的一个联想性的集合体。

---

① ［美］艾尔·努哈斯，2000.传媒业的创新经营［M］.李瑞珺，李淑珺译.北京：宇航出版社.

品牌形象是一种资产，品牌形象应具有独特个性。用以度量品牌形象力的指标主要有两个：一是品牌知名度；二是品牌美誉度。有学者认为，品牌形象还应包括品牌反映度、品牌注意度、品牌认知度、品牌美丽度、品牌传播度、品牌忠诚度及品牌追随度。

2. 市场细分

市场细分是指企业根据消费者需求的不同，把整个市场划分成不同的消费者群的过程。其客观基础是消费者需求的异质性。进行市场细分的主要依据是异质市场中需求一致的顾客群，实质就是在异质市场中求同质。就消费者市场而言，细分变量，归纳起来主要有地理环境因素、人口统计因素、消费心理因素、消费行为因素和消费受益因素等。因此，就有了地理细分、人口细分、心理细分、行为细分、受益细分这 5 种市场细分的基本形式。

3. 社会营销

社会营销是一种运用商业营销手段达到社会公益目的或者运用社会公益价值推广商业服务的解决方案。社会营销的关键在于挖掘企业的社会属性，把经济（商业）运作模式转移到社会公共领域。社会营销往往以某个具有极度聚焦效应的社会事件为契机，因此它很多时候表现为事件行销。但是由于社会事件具有复杂多样性，所以从事件本身的性质来看，社会营销还表现为政治营销、体育营销、文化营销等。而透过社会营销的层面，会发现企业在营销过程中仍然采用差异化营销、整合营销等理念。

4. 市场定位

市场定位是指企业根据竞争者现有产品在市场上所处的位置，针对顾客对该类产品某些特征或属性的重视程度，为本企业产品塑造与众不同的鲜明的形象，使该产品在市场上确定适当的位置。其实质是使本企业与其他企业严格区分，使顾客明显感觉和认识到这种差别，从而在顾客心目中占有特殊的位置。

5. 营销战

营销战是处于不同空间和地位的企业在市场竞争中主要通过价格、品牌战略以获取目标市场的营销方式。营销战中借用战争理论术语表示企业的位势及其竞争策略。比如，市场上顶级企业的"防御战"，有争霸实力企业的"进攻战"，中等水平企业的侧翼战，小型企业的"游击战"等。无论哪种企业，在营销战中采取的手段主要是价格战和品牌战。

6. 网络营销

网络营销是以国际互联网为基础，利用数字化的信息和网络媒体的交互性来辅助营销目标实现的一种新型的市场营销方式。网络营销首先要求把消费者整合到整个营销过程中，从他们的需求出发开始整个营销过程。网络营销具有市场的全球性、资源的整合性、明显的经济性和市场的冲击性等特征。其理论基础主要是直复营销理论、网络关系营销理论、软营销理论和网络整合营销理论。

7. 差异化营销

差异化营销的核心思想是细分市场，针对目标消费群进行定位，导入品牌，树立形象。它是在市场细分的基础上，针对目标市场的个性化需求，通过品牌定位与传播，赋予品牌独特的价值，树立鲜明的形象，建立品牌的差异化和个性化核心竞争优势。差异化营销的关键是积极寻找市场空白点，选择目标市场，挖掘消费者尚未满足的个性化需求，开发产品的新功能，赋予品牌新的价值。

8. 绿色营销

绿色营销的核心是按照环保与生态原则来选择和确定营销组合的策略，是建立在绿色技术、绿色市场和绿色经济基础上，对人类的生态关注给予回应的一种经营方式。绿色营销不是一种诱导顾客消费的手段，也不是企业塑造公众形象的"美容法"，它是一个导向持续发展、永续经营的过程，其最终目的是在化解环境危机的过程中获得商业机会，在满足消费者需求和实现企业利润的同时，达成人与自然的和谐相处，共存共荣。

9. 3R 营销

3R 营销包括客户维持（Retention）。优秀的客户维持可以获得稳定的客户群体，节省成本，提高利润率。稳定客户群的建立，一方面可以省却重新争夺新客户的费用；另一方面也省却了重新调查审核客户信用的成本。通过各种策略，努力把客户尤其是优质客户留下来，并培养成忠诚客户群。

10. 多重销售（Relation Sales）

多重销售指向同一客户销售多种商品。据日本一家咨询公司调研，同一客户使用的产品数量与客户维持存在密切关系。多重销售可以为客户提供更多的选择机会，促进客户多重购买，并增强顾客的忠诚度，减少顾客流失。

11. 客户介绍（Referrals）

客户介绍指通过现有客户的推介扩大客户数量。顾客的口碑很重要。因此，提高原有顾客对企业的满意度并鼓励客户对企业的口碑宣传，可以帮助企业扩大新顾客群体、争夺优质客户。

现代市场营销学研究表明，吸引一个新客户的成本是维护一个老客户成本的 5 倍。从赢利率角度考察，吸引一个新客户与丧失一个老客户相差 15 倍。

第二节　传媒战略营销的具体分析

战略是关于"做什么"的目标抉择，战术是关于"怎么做"的方法选择。在管理学中，战略一般是指"定义和确立组织目标以及组织随环境变化的范围广泛的计划"。[①]

传媒作为企业的性质及作为精神产品生产的功用决定了它的战略从属于国家总体战略，在传媒及其产品过剩时代，市场竞争具有长期性、持续性、残酷性的特点。在这样的条件下，传媒作为企业，从诞生、成长、衰老到死亡的全部过程都与传媒的战略目标联结在一起。

传媒的战略管理和经营是高层管理者的主要关注点，它不仅要为未来发展指明方向，而且要及时调整、修正甚至中止某些目标；传媒战略也是中下层管理者和所有员工赖以行动的基本指针，他们不仅需要明白"是什么"，而且需要明白"为什么"和"怎么办"。因为所有战略目标的实现，不但要管理者的严格

---

① ［美］詹姆斯·斯通纳，爱德华·弗里曼，丹尼尔·小吉尔伯特，2001. 管理学教程（第6版）［M］. 刘学译. 北京：华夏出版社.

监督，而且需要中下层管理者的严格执行和员工的全力实施。

一、传媒战略营销的特征

营销战略基于传媒既定的战略目标，向市场转化过程中必须关注客户需求的确定、市场机会的分析、自身优势的分析、自身劣势的反思、市场竞争因素的考虑、可能存在的问题预测、团队的培养和素质的提升等综合因素，最终确定出增长型、防御型、扭转型、综合型的市场营销战略，作为指导传媒将既定战略向市场转化的方向和准则。现代传媒战略营销的特征主要有以下 5 个方面。

（一）面向市场开展战略营销

市场是营销战略的根本动机。传媒市场要素包括市场人口、购买力和购买欲望 3 个方面，传媒战略营销必须以此为基础展开。无论在某一市场中处于何种位置，对成长和发展总有无止境的追求，这种追求最终要落实到受众身上。而想要俘获受众，最佳选择是为他们提供物有所值的媒介产品和具有增值项的服务。传统营销的活动领域是企业现有"产品—市场"组合，而营销战略是将受顾客影响的经营战略与综合的市场为核心的各类活动结合起来，以此建立竞争优势。

（二）警惕环境的复杂多变性

媒体环境能够极大地影响传媒战略营销的制定和战略营销活动的开展，这些外部因素改变了市场和竞争结构的组成方式和吸引力。由于营销处于组织与其顾客、渠道成员以及竞争对象的所有环节，因此它是战略规划过程的核心。战略营销提供的专门知识有利于监测环境、确定产品规格、选择竞争对手以及竞争策略。营销战略的制定和实施突变性因素很多，必须留有充分的余地，才能避免"胎死腹中"或中途夭折。

（三）以顾客满意作为战略使命

传统营销的对象是消费者——广告主和媒介受众，而传媒战略营销的对象还包括媒介内外所有可能涉及的对象，如供应商、竞争者、公职人员以及媒介组织成员等。战略营销思想认为，取得顾客满意的关键在于将顾客的需要与组织的服务计划过程联系起来。以传者为中心转向以受众为中心的传播模式是一次重大变革，但是到了数字化时代，它只走了半程，如今受众要求直接参与媒介产品的生产和经营活动，谁能顺应这个要求制定相应的战略，谁才是最后的赢者。

（四）围绕竞争优势进行营销

传统营销的主导作用主要是创造和发展需求，战略营销还要求调节不规则需求，甚至消灭某些不良需求，注重利用媒体内外环境的资源和能力获得持续的竞争优势。世界上没有一种产品能适应所有人的需求，也不是所有人的需求都是正当的，媒介的精神产品性质与它承载的社会伦理和先进文化，决定了它只能满足一部分人的消费欲望，而这部分人应该是在社会中富有影响力和发展潜力的群体，他们对社会环境的反影响和话语有助于传媒获得市场的竞争优势。

（五）注重目标规划的整体效果

营销战略和营销计划是整个媒介组织总体战略制定和规划的核心所在。战略营销首先是通过战略规划来实现的，战略营销要求传媒所有的营销决策与管理都必须带有战略性。传媒必须根据自己在行业中的市场地位、市场目标、市场机会和可利用资源，制定本企业的营销战略。

二、传媒战略营销的基本模式

战略营销是营销思想发展的一个新阶段，它认识到以消费者为导向的营销观念忽视竞争的缺陷，特别强调消费者与竞争者之间的平衡。经济全球化程度日益加深带来的市场竞争的日益加剧，买方市场的形成，使营销经理已经无法像以往那样单纯地注重日常的经营，而是必须运用战略管理的思维和工具指挥营销活动，才能不辱使命。现代企业越来越注重与顾客建立长期的互利的交换关系。今天，战略营销因为其"战略"特征已经成为营销管理的主流范式，受到了越来越广泛的应用。

把市场营销组合划分为战略性组合和战术性组合的是美国营销学者菲利浦·科特勒。他认为，包括产品、价格、渠道、促销、政治力量和公共关系的6Ps组合是战术性组合，企业要有效地开展营销活动，不仅要有为人们（people）服务的正确的指导思想，还要有正确的战略性营销组合。纳入战略性营销组合的要素是市场调研（probing）、市场细分（partitioning）、市场择优（prioritizing）、市场定位（positioning），如图3-1所示。

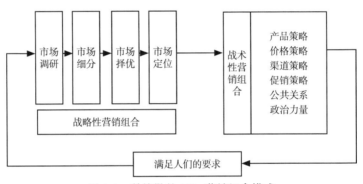

图 3-1　科特勒的 11Ps 营销组合模式

战略营销的计划过程必须先于战术性营销组合的制定，只有在搞好战略营销计划过程的基础上，战术性营销组合的制定才能顺利进行。菲利浦·科特勒在讲到战略营销与战术营销的区别时指出："从市场营销角度来看，战略的定义是企业为实现某一产品市场上特定目标所采用的竞争方法，而战术则是实施战略所必须研究的课题和采取的行动。"[①]自科特勒将营销组合划分为战略性组合与战术性组合后，一些巨型跨国公司已经开始将它运用到实战中，比如，美国通用汽车公司等已按这两个概念分设了不同的营销部门。我国传媒企业虽然没有像美国通用公司那样在组织时把战略和策略管理分开，但是一些大型的传媒集团已经建立了专门的研究机构，其主要的工作内容就是研究和制定传媒长远的发

---

① ［美］菲利浦·科特勒，2004. 科特勒行销全攻略［M］. 曹辰编译. 北京：现代出版社.

展战略。

三、战略营销组合的相关含义

战略营销组合是由市场调研、市场细分、市场择优和市场定位组合而成的整体。在 4 项策略中有一条主线，即企业开发新兴市场或产品战略转型的战略目标。沿着这条主线，企业通过市场调研对市场进行细分，从中选择最优化的市场，以确定产品定位，从而占领市场，取得最大效益。

（一）市场调研

市场调研是指企业为了确立营销战略或提高产品的销售决策质量、解决存在于产品销售中的问题及寻找机会等而对目标市场进行系统地、客观地识别、收集、分析和传播营销信息的工作。

这一概念包含 4 层意思：

（1）市场调研划分为战略性调研和策略性调研，战略性调研主要是针对新建型企业和转型企业而言，而策略性调研主要针对在产型企业而言；

（2）战略性调研的目的是确立正确的战略方向，而策略性调研则是为了调整产品质量与产量；

（3）战略性调研是验证假设目标的科学性与可行性，一般是阶段性的，要耗费较多时间和成本，而策略性调研则是对产品质量、性能、服务的临机性或持续性调研，成本较低；

（4）调研活动必须保持客观性和系统性。

市场调研流程由以下环节构成：确定市场调研的必要性→定义问题→确立调研目标→确定调研设计方案→确定信息的类型和来源→确定收集资料→设计问卷→确定抽样方案及样本容量→收集资料→分析资料→撰写调研报告。[①]

传媒市场调研在国内开展时间不到 20 年，但已经被传媒经营者当作战略

---

① ［美］A.帕拉苏拉曼，德鲁弗·格留沃，R.克里希南，2009. 市场调研［M］. 王佳芥，应斌译. 北京：中国市场出版社.

营销组合的重要项目。比如，媒介改版前进行的战略性调研、报刊年度发行量调研，电视每日收视率调研，以及节目市场、广告市场调研等。20世纪90年代中期都市报出现后，原来每天下午上市的晚报改为早上发行，就是市场调研的结果。

市场调研有许多方法和工具，通常交由专业调查公司来做，一方面避免自己的倾向性遮蔽市场的客观反映；另一方面在向第三方提供数据时显得更公正。

（二）市场细分

市场细分是企业根据消费者需求的不同，把整个市场划分成不同的消费者群的过程。市场细分的目的是在竞争市场中寻找本媒介产品的忠实顾客，根据他们的需求意向为其提供达到最大满意度的产品和服务。

市场调研是市场细分的前提条件。媒介产品是否适合某个市场、某一部分人群，都需要进行细致的市场调研，以确定目标市场、目标人群和营销策略。

1. 市场细分的客观基础

（1）产品供大于求；

（2）消费者需求的异质性，进行市场细分主要就是在异质市场中求同质顾客；

（3）企业产品具备可以细分的条件。具备以上3个条件，就可以确定媒介的目标市场了。

2. 目标市场的细分

确定目标市场还要考虑其诸多变量，主要有地理环境因素、人口统计因素、消费心理因素、消费行为因素、消费受益因素等。在传媒营销时代，目标市场的多样性决定受众市场细分越来越精细。媒介市场细分要特别关注以下几个方面。

（1）地理细分：国家、地区、城市、农村、气候、地形。

（2）人口细分：年龄、性别、职业、收入、教育。

（3）家庭成员、家庭类型、家庭生命周期。

（4）文化细分：国籍、民族、宗教。

（5）心理细分：社会阶层、生活方式、个性。

（6）行为细分：动机、追求、使用者地位、产品使用率、忠诚程度、购买准备阶段、态度。

（7）受益细分：具体利益、产品质量、价格、品位等。

3. 目标市场的营销战略选择

（1）无差异市场营销，主要是指在新兴市场或欠发达市场中，媒介靠单一产品和单一营销方式即可获得足量的受众；

（2）密集型市场营销，此时媒介将营销努力集中于一个或少数几个市场；

（3）差异性市场营销，媒介根据各个细分市场的特点，相应扩大某些产品式样和品种或制定不同的营销策略，以充分适应不同消费者的不同需求，吸引更多受众。比如，电视节目的频道化及部分频道的方言化，广播节目窄播化以及类型化等。

（三）市场择优

市场择优同样立足于市场调研的结果。市场择优是指企业基于财务战略和人力资源战略，在不同的市场或同类市场中选择那些投入产出比最高的市场，使企业在最短时间内，以最低成本获取最大利润的营销策略。

波士顿顾问公司的创始人布鲁斯·亨德森在1976年提出了"三四律"概念：在一个稳定的竞争性市场中，有影响力的竞争者数量绝不会超过3个。其中，最大竞争者的市场份额又不会超过最小者的4倍。

市场择优的基本策略是根据市场调研的结果，在不同市场中选取成本最低、开发潜力巨大的市场；在同类市场中，选择竞争对手实力较弱或产品和服务存在重大缺陷的市场。市场择优常用SWOT分析法帮助决策。

SWOT分析法是指将与研究对象密切相关的各种主要优势、劣势、机会和威胁等，通过调查列举出来，并依照矩阵形式排列，然后用系统分析的思想，把各种因素相互匹配并加以分析对比，从中得出一系列相应的结论，而结论通常带有一定的决策性。SWOT4个英文字母分别代表：优势（Strength）、劣势（Weakness）、机会（Opportunity）、威胁（Threat），如图3-2所示。

优势　　　劣势

Strength	Weakness
Opportunity	Threat

机会　　　威胁

图 3-2　SWOT 矩阵

利用 SWOT 分析法，可以帮助管理者选择制定如下 4 类战略。

（1）SO（优势—机会）战略：通过发挥企业内部优势并充分利用外部机会的进攻性战略。

（2）WO（劣势—机会）战略：通过利用外部机会来弥补内部劣势的侧翼性进攻战略。

（3）ST（优势—威胁）战略：利用本企业优势回避或减轻外部威胁的迂回性战略。

（4）WT（劣势—威胁）战略：在减少内部劣势的同时回避外部环境威胁的防御性战略。

趋利避害是企业生存法则。以上 4 类战略只有 SO 具备绝对胜利的把握，也是市场择优的理想状况。但是这种状况不会经常光顾一个企业，企业在经营中常常不得已而选其次。

除了 SWOT 分析法之外，还有 SPACE 矩阵、BCG 矩阵、IE 矩阵等，它们都可以作为企业市场战略抉择的重要工具。

（四）市场定位

市场定位是指为使产品在目标消费者心目中相对竞争产品占有清晰、特别和理想的位置而进行的安排。企业定位战略的确定取决于企业对目标市场的选择、如何创造出比竞争者更好的和满足目标市场消费者需要的产品，有几种可选择的定位战略。

1. 巩固既有定位

当企业已经占有有利的定位时，企业选择的是巩固该定位。

2. 增加新的定位

当消费者的需求发生变化或将要变化，或实现使消费者满意的技术正在发展时，则需要调整原有的定位，增加新的定位。

3. 重新定位

当消费者的需求变化，或满足需求的技术变化，或原有的市场定位不利，或与竞争者区分太模糊等，都需要根本性重新定位。

4. 反定位

当企业原有的定位有利，但竞争者正在侵蚀并抢占地盘时，则可以采用一种试图替代竞争者的反定位战略。

四、传媒战略营销的管理

传媒营销战略从谋划到执行，需要遂行性管理，即当战略目标尚在决策者头脑里酝酿时，管理已经开始发挥作用，并且一直要持续到战略目标最终实现或中止。其原因在于战略决定企业生死存亡，任何决策者都不敢稍有轻忽懈怠。为此，要对战略营销进行全程管理，如图3-3所示。

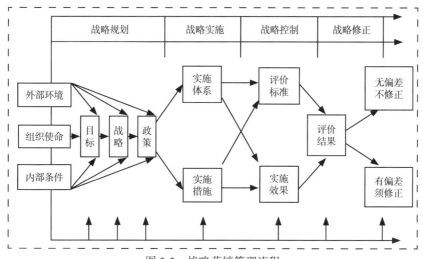

图 3-3　战略营销管理流程

1. 组织使命

组织使命即传媒存在的理由和根本任务，包括媒介纲领、宗旨、准则和文化等。

2. 外部环境

外部环境是影响传媒生存发展的外部制约因素，包括社会、市场、生产和技术等。

3. 内部条件

内部条件是指传媒想要实现组织使命所具备的内部因素，包括组织资金、设备、成员素质和管理水平等。

4. 组织目标

组织目标是指一个阶段内组织发展预定实现的、可衡量的具体工作结果。包括社会效益营利水平、产品和服务水平、员工报酬水平等。

5. 组织战略

组织战略是传媒根据前4项定义和市场变化而制定应变措施的方向性谋略，包括市场战略、投资战略、竞争战略、产品战略、营销战略、人力资源战略和价格战略等。

6. 组织政策

组织政策是传媒战略实施的制度保证，包括财务政策、人事政策、组织体制、运行机制及一系列保障措施。

7. 其他概念

实施体系、实施措施、实施效果和评价标准以及目标或政策的修正，是进入战略实施阶段之后的环节，一般应该划入战术范畴。

在战略营销管理流程图中，把战略管理分为4个区间，每个区间的管理任务都有明确区分。战略规划阶段，组织的领导者首先根据组织使命提出初步设想。在新建组织里，这种设想常常在组织建立之先，然后委托社会调研机构进行可行性调查和分析验证；在既有组织的新的战略目标尚未明确之前，同样需要进行市场调研。调研机构根据委托人的设想目标对组织的外部环境和内部条件进行科学的调研分析，确认目标可行与否，是否需要修正，有无第三种方案。

如果该调研结果与委托人设想高度一致，就将该目标确定为组织战略。相应的内部和外部政策随即出台。一旦战略规划变为现实，相应政策将作为企业规章制度确立起来，用以指导战略的实施。

从战略实施阶段开始，直到战略使命完成，组织将严格按专项战略目标政策的落实进行管理。一是建立完备的实施体系，二是具备科学的实施措施。为使战略目标能够高效、低耗地顺畅进行，将对战略实施进行严格控制。控制目标主要包括财务成本控制、组织人力控制、生产流程控制和产品质量控制等。控制的方法是按战略规划阶段制定的政策指标对实施效果进行评价，做出优劣判断。

任何战略目标在实施过程中都会或多或少地出现变形。对这种变形需要做出性质判断，即变形是有利的还是有害的。有时候战略目标可能已不合时宜，需要部分调整；有时候可能要进行根本性调整，甚至终止战略的实施，这都需要根据内外环境条件的变化而定。

第三节　传媒营销策略的具体分析

传媒营销策略是传媒根据市场环境，落实战略目标和政策，促进战略实施的方式方法。

一、大市场营销中的政治权力与公共关系

科特勒在经济全球化的背景下提出跨国公司的大市场营销策略，在四要素之上又增加了政治权力和公共关系两个要素，大市场营销策略作为常项代入四种主要营销策略组合，使各种营销组合获得了新生。列式如下：

产品营销策略＝产品营销（产品＋价格＋渠道＋促销）＋（政治权力＋公共关系）

服务营销策略 = 产品营销（产品 + 价格 + 渠道 + 促销）+ 服务营销（员工 / 顾客 + 展示 + 过程 + 服务）+（政治权力 + 公共关系）

顾客营销策略 = 产品营销（产品 + 价格 + 渠道 + 促销）+ 顾客营销（顾客的需求和欲望 + 费用 + 方便 + 沟通）+（政治权力 + 公共关系）

关系营销策略 = 关系营销（关联 + 反应 + 关系 + 回报）+（政治权力 + 公共关系）

从如今的公司营销策略实践来看，科特勒为大市场营销策略添加的两个要素不只对国际营销活动有效，在国内市场营销中同样具有普适性意义。尤其在市场经济制度尚不完善的国家里，任何公司离开政府都难以独立存在。公共关系理论引入我国不过 30 年，已经被所有进入市场的企业和媒体当作生存发展的重要武器。

（一）政治权力营销

政治权力营销的市场分为国内市场与国际市场。科特勒所指的政治权力营销是指国际市场的产品营销。公司必须懂得怎样与其他国家政府打交道，深入了解其他国家的政治状况，充分考虑其他国家政治的、经济的、法律的风险，才能有效地向其他国家市场导入公司的产品。

政治权力营销在国内市场上是指政府主导下的权力营销，所以又称政府营销。它是政府通过市场营销原理和方法的运用，对社会经济活动实施有效的宏观调节和控制，推进政府目标、观念或计划的实现，以保证全社会协调、健康地发展，满足社会公众需求的管理过程。

（二）公共关系营销

传统的市场营销组合是基于生产企业的根本利益和利润诉求，回避了消费者需要、消费者利益和长期社会福利之间隐含着冲突的现实。公共关系营销即社会市场营销，它把整个社会看作一个市场供需系统，在这个系统里，所有营销活动不再是企业单纯的商业行为，它要求市场营销者在制定市场营销政策和策略时，要统筹兼顾三方面的利益，即企业利润、消费者需要的满足和社会利益。企业的任务是确定各个目标市场的需要、欲望和利益，并以保护或提高消费者和社会福利的方式，比竞争者更有效、更有力地向目标市场提供能够满足其需要、欲望和利益的物品或服务。

传媒的市场需求是不可控的外部因素，除了继续使用传统的促销手段之外，应视不同的需求动态，采取不同的公共关系营销策略。

（1）刺激性营销策略。新的媒介产品面市之初，应根据市场动态反映，加强宣传型和矫正型公关工作，提高产品竞争力，为企业创造营销条件。比如，《华西都市报》的敲门发行和免费试读模式。

（2）扭转性营销策略。当媒介产品因信誉较差、价格政策不当等而导致需求下降时，应以优质服务为宗旨，同时调整价格，扩大信息传播，促进需求。

（3）开发性营销策略。在消费公众具有潜在需求条件下，应开展宣传性公关工作，使潜在公众变为知晓公众，再开展进攻性公关工作，使知晓公众变为行动公众。

（4）再次性营销策略。当竞争对手相继进入同一市场，消费公众兴趣开始转移时，应运用传播媒介，强化企业和产品形象，形成良好的公共舆论，保持市场份额和占有率。

二、传媒产品营销策略

产品营销是市场营销组合策略的基础，企业成功与发展的关键在于产品满足消费者需求的程度以及产品策略正确与否。美国著名管理学家李维特认为，新的竞争不在于工厂里制造出来的产品，而在于工厂外能够给产品加上包装、服务、广告、咨询、融资、送货或顾客认为有价值的其他东西。

产品营销组合的首倡者是美国的麦卡锡。他提出的 4Ps 组合被称为经典模式，即市场营销"四要素"，如图 3-4 所示。

模式图的中心是某个消费群，即目标顾客，围绕中心的内环线内是 4 个可控要素：产品（Product）、渠道（Place）、价格（Price）、促销（Promotion），即 4Ps 组合。在二环线里，是与产品、渠道、价格、促销一一对应的市场主体。

这些市场主体从产品营销的意义上来讲都是企业的顾客，4Ps 的设计必须面向这些顾客，哪怕它是你的竞争对手。在二环以外是影响和制约产品营销的各种环境因素，包括人口和经济环境、社会和文化环境、政治和法律环境、科技和自然环境等。麦卡锡指出，4Ps 组合的各要素将要受到这些外部环境的影响和制约。由于市场营销组合本质上是以产品为中心的营销模式，它被称为"产品营销组合"。传媒产品进入市场转换为有价值的商品，这种商品价值含量的高低、生命周期的长短，与产品、价格、渠道和促销活动有直接关系。

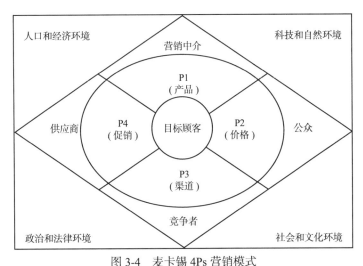

图 3-4　麦卡锡 4Ps 营销模式

P1—Product（产品）P2—Price（价格）P3—Place（渠道）P4—Promotion（促销）

　　传媒产品的概念有广义和狭义之分。狭义的传媒产品是指大众传播机构为受众生产的精神文化信息，包括新闻资讯、文化、教育、体育、娱乐和广告信息等，一般可称为传媒核心产品。广义的传媒产品包括媒介经营的所有行业的产品，除了狭义产品之外，传媒机构可能还经营有与传媒主要生产活动无关的内容，如金融、流通、商业和服务业等，特殊情况下还包括传媒自身。

　　产品策略主要研究新产品开发、产品生命周期和品牌塑造策略等。它是价格策略、促销策略和分销策略的基础。

　　产品生命周期是指产品的市场寿命，即一种新产品从开始进入市场到被市场淘汰的整个过程。哈佛大学教授雷蒙德·弗农认为，产品和人的生命一样，要经历形成、成长、成熟、衰退这样的周期。就产品而言，也就是要经历一个开发、引入、成长、成熟、衰退的阶段，如图 3-5 所示。

　　按静态统计，产品生命周期的基准标志是企业的利润率，即一定时期的利润与成本的比率。通常情况下，当财务报表显示某一产品在一段时间内销量不变而利润明显持续下降时，就要分析产品生命是否跌入衰退期了。产品生命周期在不同市场条件和不同技术水平的国家里，发生的时间和过程是不一样的，如媒介及其产品。在高度发达的市场经济国家，媒介所有者深知产品生命周期律对于企业发展的制约作用，所以除了对产品和服务的质量予以保证之外，同时不断进行新产品的开发研究。一旦原有产品进入衰退期，媒介可能有两种选择：一是对其进行改造，延长它的寿命；二是立即淘汰，即便老产品也能为媒介赚回一些薄利。立即淘汰的前提必须是有了可以为媒介赚取更大利润的、新的替代产品，见表 3-3。

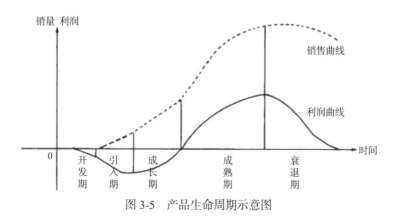

图 3-5　产品生命周期示意图

表 3-3　产品生命周期不同阶段在产品营销组合上的对应策略

生命周期	引入期	成长期	成熟期	衰退期
产品	取得用户对产品的了解	保证质量, 加强服务	改进质量, 扩大用途, 创造品牌	改造产品或淘汰产品
价格	按新产品定价	适当调价	制定竞争性价格	削价
渠道	寻找合适的中间商	扩大销售渠道	充分利用各种渠道	充分利用中间商
促销	介绍产品	宣传产品品牌	宣传用户好评	保持产品信誉

三、传媒服务营销策略

服务营销是企业在充分满足消费者需求的前提下，在营销过程中所采取的一系列活动。它与产品营销的最大区别可以用一种形象的说法表示：产品营销的对象物是"一件物品，一种器械，一样东西"，服务营销的则是"一个行动，一次表演，一项努力"。服务营销是在产品营销组合的基础上新添加上软性服务项目。其要素包括：服务产品（Product）、服务定价（Price）、服务渠道或网点（Place）、服务沟通或促销（Promotion）、服务人员与顾客（People）、服务的有形展示（Physical Evidence）、服务过程（Process）、服务行为（Service）。

传媒的服务营销常常与产品营销整合，在服务营销中应该坚持三项原则。一是服务的针对性。传媒产品必须有明确受众定位才能做到有针对性的服务，这是服务的出发点和落脚点。二是服务的到位性。它要求传媒的服务达到受众需求的满意度，这是服务的重心。三是服务的有效性。传媒服务要能受到受众的认可并提高其对传媒品牌的忠诚度。①

四、传媒顾客营销策略

麦卡锡的 4Ps 营销理论虽然摆脱了推销式销售的弊端，但在产品过剩时代，围绕产品打转，是治标不治本的办法，无论怎样组合，推销模式仍然如影随形，至少在市场上真正的交易权继续控制在经营者手中。美国营销专家劳特朋教授提出 4Cs 营销组合，以顾客为中心替代 4Ps 组合。这是哈耶克提出"消费者主权理论"后营销管理学的一大进步。

4Cs 称为顾客营销组合，是围绕顾客形成的组合方式，即消费者（Consumer）、成本（Cost）、便利（Convenience）和沟通（Communication）。首先，它强调企业应该把追求顾客满意度放在第一位；其次，应努力降低顾客的购买成本，充分注意到顾客购买过程中的便利性，而不是从企业的角度来决定销售渠道策略；最后，应以顾客为中心实施有效的营销沟通。这里的顾客是

---

① 骆正林，2008. 传媒竞争与媒体经营——传媒经营与管理研究［M］. 北京：中国广播电视出版社.

多重的，既包括终端消费者，也包括企业生产经营的产业链条的所有环节。就传媒而言，如报社的顾客除了读者之外，还包括设备和原材料供应商、广告商、发行商，以及政府、金融机构、投资商等。

（一）顾客需求

顾客需求的满意度是 4Cs 的第一要素。在传媒产品严重同质化时，受众表现出消费疲惫，必须以新的产品和服务为他们解除疲劳。厚报时代的专刊化、广播节目的类型化、电视节目的频道化就是消除受众疲劳的好办法。受众只需选择自己喜欢的版面、类型和频道就会获得一种满足感。根据马斯洛的需求层次理论，顾客需求是从基本的产品需求向更高的心理需求满足的层次发展，因此，传媒向受众提供的不仅是基本产品，还要通过创建品牌核心价值，营造新型的生活方式，实现受众在社会认同、生活品位等层次需求的满足。

（二）顾客成本

顾客成本是顾客购买和使用产品所发生的所有费用的总和。价格制定是单纯的产品导向，而顾客成本则除了产品价格之外，还包括购买和熟练使用产品所发生的时间成本、学习成本、机会成本和使用转换成本等。对于这些成本的综合考虑，更有利于依据目标客户群的特征进行相关的产品设计和满足顾客的真实需要。比如，汽车广告主、房地产广告主只需向相应的专刊投放广告，这样，广告投放不但选择明确，而且千人阅读成本[①]也会大大降低。

（三）顾客便利

最大限度地便利消费者，既是服务营销的题中应有之义，也是顾客营销组合的重要一环。其目的是传媒为受众提供的产品和服务不但赏心悦目、物有所值，而且使他们减少接受服务时的不便。比如，报纸发行中的上门征订、投送到户，电视付费的便捷方式等。

---

① 千人成本 =（广告执行价 ÷ 总阅读人数）× 1000

（四）顾客沟通

顾客沟通首先明确传媒传播推广策略是以受众为导向而非媒介导向或竞争导向。顾客沟通也更强调顾客在整个过程中的参与和互动，并在参与和互动的过程中实现信息的传递和情感的联络。当前的体验营销就是使客户在体验的过程中了解产品与自身需求的契合，发现产品的价值所在，并在无形中领悟品牌文化，在潜移默化中达到心理的感动。而体验的过程中，顾客的心声被企业接纳，又成为下一次创新的方向。

五、传媒关系营销策略

21 世纪伊始，《4R 营销》的作者艾略特·艾登伯格提出 4R 营销理论。4R 营销理论以关系营销为核心，重在建立顾客忠诚。它阐述了 4 个全新的营销组合要素，即关联（Relativity）、反应（Reaction）、关系（Relation）和回报（Retribution）。

4R 营销理论强调企业与顾客在市场变化的动态中应建立长久互动的关系，以防止顾客流失，赢得长期而稳定的市场；面对迅速变化的顾客需求，企业应学会倾听顾客的意见，及时寻找、发现和挖掘顾客的渴望与不满及其可能发生的演变，同时建立快速反应机制以应对市场变化；企业与顾客之间应建立长期而稳定的朋友关系，从实现销售转变为实现对顾客的责任与承诺，以维持顾客再次购买和顾客忠诚；企业应将市场回报当作进一步发展和保持与市场建立关系的动力与源泉。4R 营销理论的四要素如下：

1. 关联

即认为企业与顾客是一个命运共同体。企业与顾客应形成一种互助、互求、互需的关系，把顾客与企业联系在一起，减少顾客的流失，以此来提高顾客的忠诚度，赢得长期而稳定的市场。

2. 反应

即提高对市场的反应速度。在相互影响的市场中，对经营者来说，最现实的问题不在于如何控制、制订和实施计划，而在于如何及时地倾听顾客的希望、渴望和需求，并及时进行反应来满足顾客的需求。

3. 关系

即重视与顾客的互动关系。在企业与客户的关系发生了本质性变化的市场环境中，抢占市场的关键已转变为与顾客建立长期而稳固的关系。与此相适应产生了 5 个转向：从一次性交易转向强调建立长期友好合作关系；从着眼于短期利益转向重视长期利益；从顾客被动适应企业单一销售转向顾客主动参与生产过程；从相互的利益冲突转向共同的和谐发展；从管理营销组合转向管理企业与顾客的互动关系。

4. 回报

回报是营销的源泉，是维持市场关系的必要条件。另外，追求回报是营销发展的动力，营销的最终价值在于其是否给企业带来短期或长期的回报。

第四章　传媒的组织结构

组织管理是传媒管理研究的一项重要内容。高效的组织结构是传媒获取和维系核心竞争力、实现战略目标的先决条件。现代管理学强调，一个组织的绩效在很大程度上取决于合适的组织结构。随着从工业经济向知识经济的转变，尤其是数字化时代的到来，信息科技的运用加速了媒体运作的效率，传统工业经济时代的内向型组织结构已经不能适应竞争环境的变化。外向型和扁平化的组织结构以培育核心竞争力为目标，是现代传媒组织机制变革的新趋势，当前我国传媒业迫切需要改变传统的按职能划分的"金字塔"式组织结构，进行扁平化的组织结构调整，创建适应市场需求、保持编辑权与经营权相对独立的网络化组织结构，以适应业务需要，通过最精简的人力达到最大的效果，是传媒增强核心竞争力不可或缺的环节。

第一节　传媒组织结构设计及其原则

一、传媒组织结构

（一）组织结构的含义

组织，也称为组织结构，哈佛大学战略管理学派认为，组织的概念有两种含义：一是一般意义的组织，泛指各种各样的社会组织或事业单位，如企业、机关、学校、医院、工会、传媒等；二是管理学意义上的组织，也就是按照一定的目的和程序而组成的一种权责角色结构，其中有 3 个重要的概念，即职权、职责、组织系统图。

根据组织管理学的基本原理，"组织是指为了完成一定的目标按一定规范形成的彼此协调的职务结构和职位结构"，[①]也就是说，组织的建立要有不同的权利和责任制度，而且包括不同的分工与合作，其功能在于协调人们的活动去实现共同的目标。组织结构一般由 4 个部分组成，即流程（工作的组织方式和过程）、结构（分解工作的方式）、等级链（组织的资历与权力层次）以及人员（员工）。

（二）传媒组织结构的含义

传媒组织是指专门从事大众传播活动以满足社会需要的社会单位或群体。传媒机构为实现既定的目标，需要在职能定位、机构设置、岗位责任、人员配备、队伍建设以及相关的配套措施等方面建立健全组织保障体系。组织结构是传媒企业组织框架的核心，是传媒企业适应环境、实现传媒企业目标的手段，也是传媒企业实现企业经营战略的重要工具。

传媒组织结构包括传媒企业的内部治理结构和各级管理的组织结构。而传媒集团因为是多个企业或法人的联合体，其组织结构要比单一的传媒企业复杂得多，包含对多个传媒企业、多个区域、多个层次的组织管理。对传媒集团组织结构的分析包括 4 个不同的层次：一是传媒集团的内部治理结构；二是传媒集团对下属传媒企业的管理体制；三是单一的传媒集团的内部治理结构；四是单一的传媒企业的组织结构。

（三）传媒企业的法人治理结构及其演变

市场经济条件下的企业主要经历了业主制、合伙制和公司制 3 个发展阶段。由于业主制和合伙制本身的缺陷，要求一种新的企业制度来代替它们，这就是

---

① 张创新，2000. 现代管理学概论［M］. 长春：吉林大学出版社.

现代企业制度。现代企业制度是指在世界范围内为人们所共识的、以股份有限公司和有限责任公司为主要形式的现代公司制度。公司制包括有限责任公司和股份制公司。目前，欧美传媒集团大多是上市公司，传媒集团公司通过股票市场去融资，同时投资者通过股票市场来决定传媒的进入或退出。

现代企业组织制度要求建立规范而完善的公司法人治理结构。公司法人治理结构包括股东大会、董事会、监事会和经理层4个部分。其中，股东大会是公司的最高权力机构，决定公司的重大事项；董事会是公司的最高决策机构，对股东大会负责；监事会是公司的监督机构，对董事会、经理人以及公司的经营活动进行监督；经理层主持公司的日常管理和经营，对董事会负责。

在企业组织由单一组织向多元化、国际化发展的过程中，企业组织形式也在不断演进。传媒企业的组织类型及其发展与一般工商企业相似，但又有一定的特殊性，主要体现在企业的行为目标方面。它不仅要受到追求利润最大化的动机的驱策，而且在增进社会公共利益方面要受到社会责任和政府管制的约束。传媒的所有制和管理体制，是可以统一也可以分离的。在世界传媒发展史上，所有制与管理体制的关系经历了两个阶段：传统企业阶段和现代企业阶段。

1. 传统企业阶段

从公元前59年古罗马《每日纪闻》创办到19世纪末期。在这一阶段，就报纸而言，出现了官报、党报和商报等不同类型的报纸，但它们都有一个共同的特点：所有权和经营权的高度一致，官报由政府部门经营，党报由党的下属组织经营，商报由私人经营。

（1）一权制。近代报业初期，报社规模很小，通常老板加记者、编辑和排字印刷工人也只有几个人，整个报社就是一个印刷厂，厂内设一间编辑室，老板兼任经理，并参与采编。

（2）两权制。随着报业的发展，专职编辑越来越多，地位越来越重要。经过百余年的演变，编辑权终于从报社的经营权中分离出来。1817年，英国《泰晤士报》建立总编辑制度，此前老板、总编辑和经理之间没有明确分工。总编辑制度建立后，老板高薪聘请有能力的人任总编辑。总编辑下设编辑部，编辑分工越来越细。这是报业体制的一大改革，由一权制改为两权制。英国和其他各国的报纸纷纷效仿，建立了类似的总编辑制度。

（3）三权制。到19世纪末，《泰晤士报》率先建立经理制度。经理总管报社经济方面的事务，下设经理部。在总编辑制实行后，老板从繁重的编辑工作中解脱出来，集中精力管理经济。但经济事务也越来越繁重，而且随着新闻自由的范围扩大，新闻从业人员滥用新闻自由的事件时有发生，外界控告不断，老板忙于应付。于是，实行权力再划分，社长或发行人由老板自任，下设权力相当的总编辑和经理。这个后来被称为"三驾马车"体制的形成是报业体制的又一大改革。

2. 现代企业阶段

从20世纪初期开始至今，包括股份制出现和集团化兴起两个阶段。在这一阶段，以现代企业制度逐渐成熟为标志，所有权和经营权实现了分离。随着商品经济和市场经济的发展，西方的近现代报业和其他行业一样，经历了企业规模由小到大、管理权由集中到分散的过程。许多资本雄厚的报团或传媒集团都实行了现代企业制度，实现了所有权和经营权的分离。报刊、广播、电视和通讯社等，出现了不同所有权和不同管理体制相结合的多种形式，如国有国营、国有商营、公有公营、公有商营和私有商营等。

（1）股份制出现阶段。19世纪股份制在美国兴起后，报业也开始独自向招股集资的方向演变。较大的报社都采取股份有限公司形式。1870年，查尔斯·道和爱德华·琼斯开办道·琼斯股份有限公司，经营出版业。1889年，该公司出资创办《华尔街日报》，以公司经理和高级职员为阅读对象，是美国第一家办得相当成功的专业报纸。其他报社纷纷效仿。到19世纪末，美国所有大报都采用股份有限公司形式。

股份公司实行三级管理体制。股东大会是公司最高权力机关，但实际上持股份额少的股东除了参加每年一次的股东大会和领取股息外，没有多大实际的影响力，也不可能被选入董事会。股东大会选出的董事会是决策机关，董事长通常由持股最多的家族的人出任，大多数董事也是由持股较多的人担任。董事会任命社长、总编辑和经理，也有的董事会只任命社长，再由社长任命总编辑和经理，这一层的人士负责决策的执行。至于社长，可以是持股最多的家族的成员，也可以不是。这样，实行股份公司制而又不由持股最多的家族成员出任社长一职的报社，经营权就从所有权中分离出来了。分离的程度因国家、报社而异。

（2）集团化兴起和发展阶段。19世纪末，美国首先出现了报业集团。1892年，斯克里普斯家族在中西部的5个城市拥有5家报社。1895年，该报社制定向外发展战略，派人到外地办报，到1914年，该报团已在15个州拥有23家报社。

二、传媒组织结构设计

传媒组织结构设计就是对大众传播组织的机构、人员、任务、权力和硬件等进行科学组合以顺利实现目标的过程。组织结构设计是把组织目标、计划和组织活动都统一于一系列的人与人、组织与组织之间的关系中。根据权变管理理论的观点，并不存在一种唯一的"理想"组织结构设计适合于所有的情况。合适的组织结构设计取决于各种权变因素，如组织的战略、规模、技术和环境等。[①] 精心设计的组织结构既能够提高传媒内部的效率，又能够适应外部的环境和竞争；在传媒集团或者一个单一的传媒企业的运作中，可以形成有效的决策和执行，并保证内部的有关信息能够在组织中顺畅地流通。设计和建立合理的组织结构，根据组织外部要素的变化适时地调整，其目的是更有效地实现组织目标。

三、传媒组织结构设计的原则

（一）适应战略目标的原则

组织结构设计必须有助于实现企业的战略目标。战略选择在两个层次上影

---

① 胡正荣，2000. 媒介管理研究——广播电视管理创新体系［M］. 北京：北京广播学院出版社.

响组织结构：一是不同的战略要求不同的业务活动，从而影响管理职务的设计；二是战略重点的改变会引起组织工作重点的改变，因此，要求各管理职务以及部门之间的关系做相应的调整。组织结构应围绕战略要求进行资源配置。

（二）集权与分权相结合原则

集权原则要求每位下属有且仅有一个上级，要求在上下级之间形成一条清晰的指挥链，组织的各项活动都应该有明确的区分，并且应该明确上下级的职权、职责以及沟通联系的具体方式。与此同时，在组织结构设计时，必须坚持集中与分权相结合的原则，实行统一领导、分级管理，以充分发挥下级人员的主动性和积极性，提高组织的灵活性与适应性。

（三）编辑与经营相分离原则

在传媒组织结构中，为了维护媒体本身的公正性和独立性，必须把媒体的编辑权与经营权相对分开，传媒作为社会公器，不能一味地追求经济利益而忽略新闻的道德准则与宗旨，这也是国际传媒界通行的做法。美国报社内的机构分为两大块：一块是行政和经营管理；另一块是编辑部。报纸除广告以外的一切与内容相关的事务归编辑部管理，其余归属行政和经营方面管理。发行人员和经营人员不得干涉编辑事务。

（四）制度化原则

制度对于传媒组织机制的建立和运行至关重要。没有制度作为保障，传媒组织机制不可能保证稳定、有效地发挥自身的功能，也不可能保证传媒业务工作的顺利开展。

（五）专业分工和协作原则

专业分工和协作原则要求传媒各部门之间能够充分合作，互相扶持，团结一致。分工导致专业化，从而提高生产和经营管理效率；但传媒组织作为一个有机统一整体，各职能部门在强调管理效率的同时，还应兼顾集团目标以及任务的统一性。传媒业务是多样而又相互联系的，传媒的成功是各部门互相协作的结果。传媒应有一个整体目标作为各部门、各人员的共同目标。由于各自的利益不同，容易产生局部与个体之间、局部和个体与整体目标之间的矛盾，这将对整体利益产生极大的损害。特别是在竞争的环境中，内耗现象将把传媒向目标相反的方向拖拉。所以，传媒在经营中应消除各种消极因素，使各部门紧紧地凝聚在一起。

（六）有效管理幅度原则

传媒组织结构应该怎样设计，每一层管理机构管理范围应有多大，这就是管理的跨度问题。管理的跨度，又称为管理幅度、管理宽度和控制幅度等，是指一名管理者有效管理、控制直接下属的人数。管理者的职责主要是执行管理职能，管理职能直接作用于下级人员。直接作用的人数是多少，这是组织管理中要研究的问题。任何人的时间和精力都是有限的，管理人员能够管理的直接下属的数量也是有限的，也就是说，管理者的管理跨度是一定的。跨度的确定是以一个管理者面对下属的情况和要处理他们之间的复杂关系为依据的。在设计传媒组织结构时，应将管理人员直接管理的下属人数控制在合理的范围内。

（七）权责利对等原则

职权与职责要对等，即组织内每一管理层次、部门、岗位的责任、权力以及利益都要相对应。组织中的每个部门和部门中的每个人员都有责任按照工作目标的要求保质保量地完成工作任务，同时，组织也必须给予其自主完成任务所必需的权力。如果权、责、利不对等，部门及员工就没有完成职责的基本条件，工作积极性也将在一定程度上受到挫伤。

（八）灵活性原则

不同的传媒以及同一传媒在不同的发展阶段，都应根据所面临的具体条件对组织结构做出相应的调整。组织结构应当保持一定的柔性以减少组织变革所造成的冲击和动荡。组织的各部门、每个人员都是可以根据组织内外环境的变化而进行灵活调整和变动的，当外部环境、技术、规模或竞争战略发生变化时，传媒企业的组织结构必须做出相应的调整。

以上原则落实到一点，就是提高各部门的生产管理效率，这也是传媒组织结构设计的最终目标和任务。此外，在保证组织任务完成的前提下，传媒还应力求机构精简、人员精干。

第二节　传媒组织结构的主要形式

传媒组织结构主要有 6 种基本类型，即职能型结构、事业部型结构、矩阵式结构、控股公司型结构、混合式结构和网络化结构。在传媒组织结构的设计中，基本上是以一种类型为主，在此基础上，根据需要加以变化和调整。世界上传媒企业的组织结构或选择某一类型，或根据某一类型加以改进，或以一种类型为主形成混合式结构。每种类型的组织结构都有其优点和缺点，只要能恰当地适应组织所处的环境，扬长避短，就是最佳组织结构。

一、职能型结构

职能型结构是指组织从上至下按照相同的职能将各种活动组合起来的企业组织结构，在经济学中又称为"U"型结构（Unitary Structure）。它是一种以权力集中于企业高层为特征的企业管理体制，在采用这种结构的企业中，企业的生产经营活动按照功能分为若干垂直管理系统，每个系统又直接受企业最高领导指挥；其财务体制也实行集中管理，企业内的各部门并不是自负盈亏的经济实体，只有整个企业才是一个利润核算单位，企业的资金运用也是由总部控制的，如图 4-1 所示。

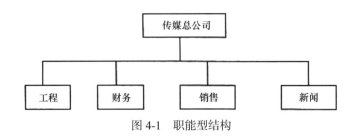

图 4-1　职能型结构

职能型结构的优势在于：一是有利于企业集中有限的资源，按照总体设想，投资到最有效益的方向上去；通过职能部门发挥专业分工的优越性；部门之间较少出现机构重复，所需配备的管理人员也比较少。二是有利于产、供、销各个环节之间的紧密协调。职能型结构的主要劣势是对外界环境变化的反应太慢，各个职能部门之间缺乏协调，甚至出现本位主义，造成经营效率低下。此外，它还不利于发挥中层管理者的主动性与创造性。

深圳商报社采用的就是职能型结构，它以《深圳商报》为核心，以包括多个媒体在内的报业经营和非报业经营为主体，组成了一个按照市场经济规律运作的"准报业集团"。这个集团性报社建立了深圳商报报业集团总裁委员会，设总裁和副总裁，组成"集团"的最高指挥中心。"集团"下设五大系统：《深圳商报》编采系统；《深圳晚报》等系列报刊编采系统；报章服务系统；市场促销系统；实业物业管理系统。集团下属的各个媒体分别组建各自的编委会，配备总编辑、副总编辑，负责本身的新闻宣传任务。"深圳商报电子信息屏"（建在深圳火车站广场）、《大公报·深圳新闻》版（与香港《大公报》合办）、《企业市场报》（湛江）、《特区科技》《焦点》《深圳画报》等都属于其系列报刊。

二、事业部型结构

事业部型结构又称为 M 型结构（Multidivisional Structure），它是以企业总部与中层管理者之间的分权为特征的一种组织结构。实行这种体制的关键是把企业划分成若干相对独立的事业部，使其成为独立核算、自负盈亏的利润中心。事业部型结构鼓励灵活性和变革，因为每个单元变得更小，就更能够适应环境的需要。每种产品、每一个频道或频率都是一个独立的分部，顾客能够与相应产品或市场分部联系并得到满足。

事业部型结构的报业集团在形成的过程中，一般是以一报为主兼并他报方式扩张的，在不同程度上继承了其他报社的管理习惯。其下属各报都作为子公司独立核算、自主运作，人事、行政、采编、广告、发行、印刷、财务和价格等各种业务职能分散于各公司之中，集团作为母公司则以资源为纽带，维系对子公司的控制和管理。带有事业部型结构色彩的传媒集团，可以我国香港星岛报业集团为例，如图 4-2 所示。

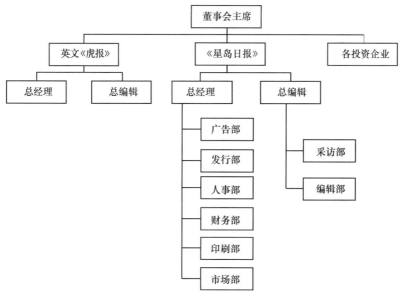

图 4-2 星岛报业集团事业部型结构

星岛报业集团以《星岛日报》和英文《虎报》为核心企业，投资 34 家控股子公司和 9 家参股子公司，并以《星岛日报》的报名，同步在澳洲和欧洲等地区发行 11 个版本的英文或中文报纸。集团负责制定大政方针和基本的业务范围，具体事情放手让各事业部门承包负责。这种体制使层层负责、人人有责、人人有利，十分有成效，集团利润迅速增长。

三、矩阵式结构

矩阵式结构是传媒集团发展到一定阶段和规模时的必然选择。矩阵式结构意味着两个不同的结构形成一个矩阵，一般是为了完成某一特定任务而把不同的专业人员组织起来形成一个团队。矩阵式结构注重多元效果，当职能型、事业部型结构横向联系不畅，或者当既要求专业知识，又要求每个职能部门都能根据环境变化迅速做出反应时，矩阵式组织结构通常是最好的选择。矩阵式结构基本框架如图 4-3 所示，每个事业部视为电视台一个频道或报业集团的子报、子刊。

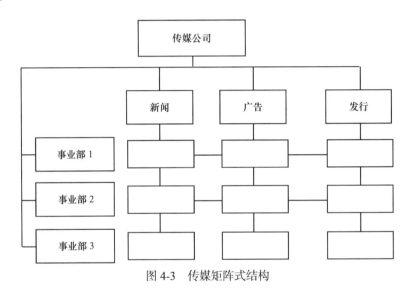

图 4-3　传媒矩阵式结构

一些全球性的传媒组织实行矩阵式结构。这种结构同时从职能、产品、地区 3 个不同角度对分支机构进行管理，每个分支机构必须向至少两个不同的上级报告工作，并同时接受他们的指挥。这种形式被认为是企业组织结构中的一种高级形式，其优点是市场适应能力很强，各分支机构之间容易协调；缺点是结构过于复杂化，部门之间的相互关系与责任难以分清，多头领导容易导致混乱。

四、控股公司型结构

控股公司型结构又称为 H 型结构（Holding Structure），是一种相对松散、扁平的管理体制模式，采用的是内部分权原则。控股公司是指以依靠拥有其他公司达到决定性表决权的股份，而行使控制权或从事经营的公司。控股公司不但拥有子公司在财政上的控制权，而且拥有经营上的控制权，并对重要人员的任命和大政方针的确定有决定权，甚至直接派人经营管理。

一般而言，实行控股公司型结构的传媒集团的基本框架是：在传媒集团内部，由主要股东组成的、具有母公司性质的传媒集团公司董事会是集团的核心。集团公司董事会是整个集团的决策中心、投资中心、成本中心和利润中心；董事长（主席或总裁）是集团的法定代表人，聘任高级职员如总经理（执行官）行使行政管理权；第二层是集团的控股子公司，由集团派出或聘任高级职员管理经营，报社、电台、电视台或其他类型的传媒公司一般都是控股子公司；第三层是集团的参股子公司，集团视股权的多少，承担责任和义务，有时仅仅坐享红利。

控股公司型结构的代表有贝塔斯曼集团，其组织结构如图 4-4 所示。

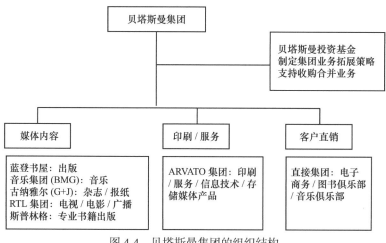

图 4-4 贝塔斯曼集团的组织结构

从贝塔斯曼集团的组织结构图中可以看出，贝塔斯曼集团对内部企业的管理与控制实行的是控股公司型组织结构，下属子公司有较大的自主权，可以灵活地根据市场变化，在自己的业务范围内及时调整。

五、混合式结构

由于环境不断变化，以及企业规模的扩大和区域的扩张，许多组织结构并不以单纯的职能型、事业部型的形式而存在。一个组织的结构可能会同时强调产品或职能，综合两种特征的一种典型的结构称为混合式结构，如图 4-5 所示。混合式结构通常比职能型或单纯的事业部型结构更受偏爱，这种结构克服了两者的一些劣势，实现了它们的一些优势。

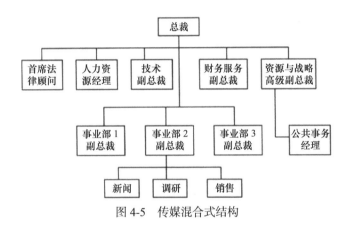

图 4-5　传媒混合式结构

六、网络化结构

自 20 世纪 90 年代以来，发达国家的传媒经济活动（知识密集型产业）中开始出现另一种更具革命性的组织结构形态，即小型网络化的传媒和传媒间组织。在网络经济中，发达的交互式通信网和大量中介机构把各种独立的专业公司和个人联系起来，根据传媒不同项目的要求，可将这些创造性人才分别组成项目性团组（项目完成，人员机构即告解散）。由此可知，网络经济把传统等级森严的垂直结构的大公司改造成了大批小而专的关联企业，由它们灵活多样的合作创造出别人很难模仿的个性化和专业化作品。这种网络化传媒组织在娱乐性电子传媒中运用得最为成功。

这种新的经济组织方式的优势表现为：首先，每一项工作可以以项目为中心，以合同为纽带，召集最符合工作要求的各种各样的人才，而不是让公司的固定员工去适应各种各样的工作；其次，不再需要长期维持一整套组织机构，业务开支因此降至最低，具体的如传媒的采编部门可以固定和常设，其他部门则分离出去，采用多种多样的经营方式；最后，长期的风险和成本如裁员和其他人事危机会减少，最终给企业带来的是高品质和低成本。

以上几种传媒组织结构的基本类型各自有使用范围和优缺点。许多组织也可能会同时根据职能和事业部来进行组合。

第三节　传媒的集团化管理

随着我国传媒产业化进程不断深入，产业化已经进入集团化整合的新阶段。集团化管理是传媒管理体制和组织机制改革的重大突破。为了实现社会效益与经济效益的"最佳结合"，需要对传媒经营资源进行整合。通过对原来过于分散的经营资源的整合，可以实现规模经济和范围经济，并推动传媒跨媒体、跨行业经营，促进传媒业更快更好地发展。

一、传媒的产业化发展

（一）产业的含义

经济学意义上的产业是指具有某种同一属性的企业的集合，它是介于微观主体（企业）和宏观主体（国民经济）之间的一个集合概念。对于产业，普遍使用的有两种分类方法：基于整个社会经济层面的分类和基于具体产业特点的分类。前者将整个社会的各种企业集合构成的系统分成第一产业（生产资料的生产系统）、第二产业（生活资料的生产系统）和第三产业（提供生产和生活的服务系统）等。后者则将产业细分为钢铁产业、农产品加工产业、流通产业、信息产业、知识经济型产业等。

按照国际上通行的说法，一切有投入有产出、按照企业运行规则进行经营活动的事业都可称为"产业"，都可以推入市场。所以产业化问题是就资源配置的手段而言的。从微观的角度来看，是指"企业化"的问题；从宏观的角度来看，是指"市场化"的问题。能否实现市场化，在多大程度上实现市场化，还要视具体情况而定，其关键是"投入"与"产出"的比较。[①]

（二）传媒产业化

随着传媒集团的出现，传媒的产业特征更加凸显。1987 年，国家科学技术委员会编制的产业投入产出表将新闻事业和广播电视事业纳入"信息商品化"序列；1992 年，中共中央、国务院发布《关于加快发展第三产业的决定》，将报业经营管理正式列入第三产业。

一般而言，具有经济属性的大众传媒属于第三产业，是其中的信息娱乐产业。传媒向全社会提供信息服务和文化娱乐等，传媒的"产出物都是信息，投入物大部分也是信息，售出物更是信息"[②]。传媒作为信息娱乐产业的核心，在社会生活和经济生活中起着重要作用，是国民经济重要的组成部分。

传媒产业化特指社会环境中的意识形态型的传媒向产业经营型的传媒转化，也就是从非产业向相对独立的产业转化。传媒产业化是传媒逐步走向市场和传媒市场逐步形成、发展的过程。传媒企业以市场原则构建内外关系，从而形成了经济学概念上的"同类企业的集合体"，即形成传媒产业。传媒在产业化过程中，要遵循传媒产业运营和发展的一般规律。自 1978 年以来，我国传媒逐步实行企业化管理，开始走向市场，这既是传媒体制改革的重要内容，更是传媒产业化发展不可逆转的趋势。

---

① 吴文虎，1999. 新闻事业经营管理［M］. 北京：高等教育出版社.

② ［美］马克·波拉特，1987. 经济信息论［M］. 李炳奎译. 长沙：湖南人民出版社.

（三）我国传媒产业化的进程

我国传媒产业化的进程大致经历了 4 个阶段。

1. 事业单位、企业化管理阶段（1978—1984 年）

此前传媒是事业单位事业管理，经费全部由国家财政拨款。为了弥补财政补贴的不足，1979 年年初，《人民日报》等首都主要报纸试行"事业单位、企业化管理"的要求得到批准。实行事业单位企业化管理是政府鼓励报纸走向市场化的重要举措。传媒广告的恢复是另一项根本的市场化措施。1979 年，上海《解放日报》刊登了一则报纸广告，传媒从此走上了市场化道路。此后广播和电视等开始合法地经营广告业务。

2. 采编与经营双管齐下，经营机制的突破阶段（1988—1996 年）

随着城市经济改革的启动，企业广告增多，外商广告进入，传媒资源一度出现偏紧的局面，同时带来了传媒经营活动的大发展。1988 年 3 月，新闻出版署和国家工商行政管理局颁布了关于报社开展有偿服务和经营活动的暂行办法，报社又开始了"一业为主，多种经营"。在这一阶段，国家分批对传媒"断乳"，实行"独立核算、自负盈亏、照章纳税、财政不给补贴"的新体制。传媒开始突出经营意识，实现了由行政化管理向企业化管理的飞跃，与此同时，传媒市场也得到不断培育，传媒作为市场主体的地位得到加强。以广告为主的多种经营的发展，使新闻业开始从单纯享受补贴的事业型转向独立经营的产业型。[①]

3. 集团化运作阶段（1996—2011 年）

1996 年，国家把广播电视和报刊经营管理列入需加快发展的第三产业行列。以 1996 年广州日报报业集团的成立为标志，我国传媒业开始进入集团化发展的新阶段，出现产业集中的趋势，随后，北京、上海、成都等地的报纸纷纷走上集团化道路。广播电视和出版业等也开始组建传媒集团。在这一阶段，传媒业逐渐改变以往行政机关的管理模式，实行结构多样化、经营实体化、组织集团化的新形态，传媒发展模式从数量增长型向质量效益型转变，传媒业经济规模进一步扩大。

面对全球化的环境，为了扩大经营，增强竞争力，传媒业开始接近资本市场，

---

① 戴元光，金冠军，2007. 传播学通论（第 2 版）［M］. 上海：上海交通大学出版社.

寻求规模扩张、融资获利的新途径。上市融资成为传媒产业化发展的必然趋势。

4. 经营性媒体"事转企"阶段（2011 年至今）

"事业单位、企业化管理"的状况在新一轮改革中得到改变。媒体转企改制则从 2011 年正式拉开序幕。根据中共中央深化文化体制改革的精神，报社不再有"事业单位、企业化管理"的模糊形态，除了公益性报社作为事业单位保留外，意识形态属性不强的报社都必须转制为企业。2011 年 5 月，《中央办公厅、国务院办公厅关于深化非时政类报刊出版单位体制改革的意见》印发，6 月，非时政类报刊出版单位体制改革电视电话会议召开，全面部署改革工作，明确了分期分批按照规范程序完成非时政类报刊出版单位的转企改制，非时政类报刊出版单位体制改革由此全面铺开。2012 年 10 月 24 日，《关于深化文化体制改革推动社会主义文化大发展大繁荣工作情况的报告》指出，全国 3388 种非时政类报刊有 3271 种完成了初步的转企改制，占总数的 96.5%。

二、传媒的集团化管理

（一）传媒集团化的定义

产业化的集中就是集团化，集团化管理是传媒业发展的必然结果。集团化指的是一个企业由于业务的发展或市场扩张或竞争的需要，通过新建、资产兼并、股权运作或相关协议等方式，由单一经营方式向群体经营方式转化的过程。为了提高传媒自身的抗风险能力，扩大发展的态势，传媒正在走集团化的发展道路。传媒集团是企业集团的衍生。随着企业生产社会化程度的提高和市场竞争的加剧，企业已经无法维系传统的封闭式的经营与管理，企业组织也从单纯的生产主体或销售主体变成了产、供、销一体化的全能和集中机构，企业的规模在扩大，出现了巨型企业甚至是跨国公司。企业集团是决策主体，是企业多极化经营与管理的一种选择，它既有助于生产与资本的集中管理，又有利于拓展与社会其他组织部门的联系，具有资源共享和整体竞争的优势。

集团化尤其是组建跨行业、跨媒体的传媒集团，是世界各国传媒普遍实施的一种传媒战略，也是传媒资本运营的一种重要方式，是传媒产业发展的必由之路。西方传媒集团化现象最早出现在 19 世纪末 20 世纪初，随着资本主义经济逐渐集中化和垄断化，报业集团开始出现。美国的斯克里普斯报团是世界上第一个报业集团。报团的出现，是商业报纸激烈竞争的必然结果，也是新闻事业逐渐走向垄断的标志。20 世纪初广播电视出现后，也出现同样的趋势，如美国形成三大广播公司：美国广播公司（ABC）、美国全国广播公司（NBC）、哥伦比亚广播公司（CBS）。到 20 世纪，传媒业随着美国工商业的垄断趋势，日益发展成为垄断集团控制的企业。自 20 世纪 90 年代以来，由于新技术的发展，政策管制的放松，促进传媒的"大汇流"，传媒产业的集中程度不断提高，通过兼并重组，出现跨媒介、跨行业、国际化的超大型传媒巨头，如时代华纳、新闻集团和迪士尼公司等。

（二）集团化是传媒业"做大做强"的必然选择

传媒集团化的目的是要整合优势资源，实现规模化经营，降低经营风险。传媒集团化的优势之一就是通过横向或纵向一体化战略形成垄断或独占，降低成本，取得规模经济和范围经济效益。传媒集团化的另一个优势是通过多样化战略，回避经营风险。多样化是指一个企业不仅经营一种产品，还同时产销若干种相关或者不相关的产品。多样化经营使现代企业最终成为能够全面扩张的机体，走上可持续发展的道路。

组建传媒集团是我国传媒业发展的现实选择。集团化整合可以实现传媒优势互补、结构优化、资源充分利用，取得"1+1+1>3"的整合协同效应。这对于改变我国传媒业分散经营、量大质低、势单力薄的状况，促进传媒业向集约化规模化方向发展、提升媒体业竞争力，应对外资传媒巨头的挑战等，将起到重要推动作用。

三、我国传媒集团化的现状与特点

集团化既是传媒产业化发展的结果，也是政府主导的产物。1996 年 1 月，广州日报报业集团的成立，标志着我国传媒集团化整合的开始。1999 年 6 月，无锡广电集团应运而生，成为中国第一家广播电视集团。截至 2022 年，我国共有 43 家报刊出版集团、20 余家广电集团，40 多家出版集团等。

与西方市场竞争形成传媒集团不同，中国传媒仍处于集团化发展的初级阶段，媒体重组和兼并更多的是一种行政行为而不是市场行为，并且多在同一区域内进行，这是我国传媒集团化发展的主要特点——先"做大"，后"做强"。由于传统文化体制条块分割的束缚，传媒集团基本上都是在行政力量推动下，按照同一行业和区域范围来组建的。

跨媒体、跨区域、跨行业发展是中国传媒集团做大、做强的必然之路。近年来，随着经济全球化和信息技术的迅速发展，世界传媒产业形成了专业化、集团化、国际化和跨媒体运营的发展趋势。国际上的大型传媒企业如时代华纳、新闻集团、贝塔斯曼等都经历了一个由小到大、从单一企业向集团化发展、从某一传媒行业向跨媒体运营发展、从区域性的传媒集团向国际化的跨国公司发展的过程。以跨国大型传媒集团为中心，各类中小传媒企业与之形成了专业化、国际化的配套生产和服务的分工格局。而大型跨国传媒集团都是在登陆资本市场以后，依托国际资本市场的投融资平台，通过不断地投资、收购、兼并等市场化方式，实现规模扩张和国际化的跨媒体运营的。

第四节　传媒组织结构的变革趋势

一、传媒组织结构变革的必要性与趋势

传媒业处在不断发展变化的环境之中，规模扩大、人员充实、技术更新等都会产生传媒组织结构变革的问题，传媒面临着组织结构的重整。美国学者钱德勒提出"结构跟随战略"理论，认为当企业采取不同发展战略时，为了保证战略的成功，企业必须变革它的组织形式来适应战略的需要。随着文化体制改

革的深入，近年来，报业集团的跨媒体、跨行业、跨区域、跨所有制发展取得了实质性进展，开始了向综合型传媒集团的战略转型，报业集团的发展再次面临着一个新的突破关口。各地报业集团除了少数是由"报社＋报社"合并而成的以外，大多是在政府主导下辅以市场手段，以党报为龙头加上若干子报、期刊以及各类多种经营公司的模式结合而成的报业联合体，这种组织方式对治理报业散滥差、提高市场集中度、加强对新闻宣传的管理等起到了重要作用。但随着市场环境特别是报业发展战略的变化，这种"主报＋子报"的组织形式的弊端也越来越突出，比如，产权不明晰、内部治理结构不完善；"集而不团"，资源整合不够，没有产生预期的协同效应；不利于报业的"四跨"发展等。因此，创新组织结构对报业集团实现战略目标、保障其高效运作并提高市场竞争力有着十分重要的意义。[①]

随着传媒竞争环境的恶化，尤其是激烈的广告和新闻竞争，导致传媒必须进行组织结构的调整。扁平化（从垂直向横向结构转变）、柔性化（从集权型向分散型结构转变）是传媒组织结构设计的普遍趋势。

扁平化要求传媒建立扁平的组织结构。扁平化是现代企业组织结构发展的一个趋势，是指企业将一些有发展前途的产品分离出来，成立独立的公司，或者企业对同一种产品进行上下游分离。外向型扁平化组织结构能迅速适应环境的变化，是知识经济时代企业组织机制的新趋势。实行扁平化组织结构具有明显的优越性：一是增加了各公司的自主权，也增强了各自的进取精神；二是减少了企业管理层次，精简了机构；三是信息传递快，具有较强的应变能力和较大的灵活性；四是各部门间平等，无上下级关系，有利于相互配合、协调，提高效率。传媒组织结构为了更好地适应传媒发展要求和顺利实施传媒战略，将越来越趋向于扁平化，即层次将会减少，压缩不必要的、意义不大的中间层次，让组织结构更加合理，使决策权尽可能地延展至离"最高"阶层最远的地方。

传媒组织结构变革的另一个趋势是柔性化。柔性化通常表现为临时团队、工作团队、项目小组等形式。为了解决某一特定问题而将有关部门的人员组织成"突击队"，一般来说，等到问题解决后，团队即告解散。这种形式是对那种

---

① 钱晓文，2011. 新时期报业集团组织结构创新的几种模式［J］. 传媒，（03）：48-49.

等级分明、层次多、官僚主义明显的组织结构的强烈冲击。柔性化要求传媒分成几个相对独立的部门或单位，或者允许一些小的部门或单位"对外扩张"，或者是某些部门进行精简。柔性化组织结构能够适应传媒市场的环境变化，具有更强的革新精神，有助于推动内部竞争，从而提高工作效率，同时也能降低成本、减少损耗。

二、优化传媒组织结构，提高竞争力

传媒业已进入高度竞争、快速发展时期，越来越多的传媒将组织结构变革视为赢得竞争的关键。以电广传媒、南方日报集团为代表的一批强势传媒集团，率先进行组织结构变革并取得了显著的成绩。优化组织结构决定着整个传媒的运作效率，合理的组织结构能够提高市场竞争力并降低竞争风险。科学地设计传媒组织结构，对于保障我国传媒企业高效运作并实现其目标具有重要的意义。

（一）创建长效的学习型组织

建立学习型组织是现代企业组织结构变革的重要趋势。彼德·圣吉（Peter M. Senge）指出，学习型组织能使大家不断突破自己的能力上限，创造真心向往的结果，培养全新、前瞻而开阔的思考方式，全力实现共同的抱负，以及不断一起学习或共同学习。[①]在一个学习型组织中，支持其不断学习和创新的组织机制（组织特征）有以下几点：一是以地方为主的扁平化网络组织结构，这种组织结构强调决策权的下移和平等的网络交流；二是组织的开放性，信息与资源在企业组织内部共享；三是企业组织中充满亲密合作的伙伴关系；四是以任务为中心的自组织项目团队具有很强的环境适应能力和应变能力。

传媒在竞争日益激烈的环境中要保持长久的竞争优势，就必须不断学习。学习型组织的实质是"共同参与、相互启发、共同发展"。学习型组织能通过培养传媒内部的学习气氛，充分发挥员工的创造性思维能力，从而建立起一种有机的、高度柔性的、横向网络式的、符合人性的、能持续发展的传媒组织。

---

① 孟繁华，2002. 构建现代学校的学习型组织［J］. 比较教育研究，（01）：86-87.

（二）变集权型为分散型，建立横向结构

随着从传统的"金字塔"型行政管理结构向扁平型（网络型）学习型组织转变，传媒变垂直结构为横向结构是必然要求。横向结构是指整个组织建立在以内部工作过程或组织服务对象的需求为基础形成的部门之上，该部门可以是一个跨职能的单元，这种组织结构避免部门重叠设置，有利于人、财、物资源的合理利用，对组织内需要协调解决的问题非常有利。在实际运作中，管理层级过多，部门壁垒森严，造成了效率低下、资源重置和浪费，迫切需要优化内部组织结构来解放传媒的生产力。横向结构直接表现为管理跨度增加，管理层级减少，决策的集中将让位于分权化，以便迅速地响应市场，更快、更好、更有效率地为客户服务。例如，美国有线电视新闻网（CNN）把权力约束软化，试图给公司每位员工尽可能大的决策空间。CNN开播伊始，为了在三大电视网的夹击中生存，所采取的措施就是"给记者最大程度的自由，给分社长最大限度的信任，他们自然会把好新闻源源不断地送上来"[1]。

（三）处理好编辑权与经营权的关系

在传媒组织结构中，处理好编辑权与经营权的关系至关重要。为严格维护新闻本身的公正性和独立性，有必要把媒体的编辑权和经营权分开，使宣传业务与经营业务相对独立。

（四）实行集团化管理，完善内部治理机制

我国传媒面临着组织结构集团化的变革趋势。组织结构集团化是适应传媒业务综合化以及分工专业化的要求，通过控股公司控制全资或合资子公司的形式，形成紧密联系的综合化控股集团，从而在达到资源共享的同时控制风险，并实现法人治理结构和经营管理的规范化。传媒实行集团化管理，必须建立和完善内部治理机制，建立政企分开、产权清晰、权责明确、管理科学的现代企业制度。

---

[1] ［美］里斯·舍恩菲尔德，2004. 铸造CNN［M］. 陈虹译. 北京：机械工业出版社.

第五章　传媒广告经营管理

传媒业有其独特的双重出售模式，广告经营对传媒业的生存和发展具有至关重要的作用。正如传媒管理学大师罗伯特·皮卡德所说："如果传媒企业想要更成功的话，那些工作在传媒企业、管理传媒企业的人士都需要了解广告客户的选择和目的，更要懂得媒体与广告客户之间的互动关系。"[①]近年来，我国广告市场发展迅猛。互联网与移动网络的发展改变了传播环境和营销模式，媒介融合、营销价值提升成为媒体广告调整的重点。

第一节　传媒广告经营的方式与作用

广告是一种商业行为和传播行为，支撑着传媒的生存和发展。

一、传媒的广告经营

广告是为了某种特定的需要，通过一定形式的媒体，公开而广泛地向公众传达某种观念，介绍或推销某种商品或服务的宣传形式。广告有广义和狭义之分，广义的广告包括非经济广告和经济广告。非经济广告指不以赢利为目的的广告，又称效应广告，如政府行政部门、社会事业单位乃至个人的各种公告、启事、声

[①]［美］罗伯特·皮卡德，2006. 传媒管理学导论［M］. 韩骏伟译. 北京：人民邮电出版社.

明等，主要目的是推广。狭义的广告仅指经济广告，又称商业广告，是指以营利为目的的广告，通常是商品生产者、经营者和消费者之间沟通信息的重要手段，是企业占领市场、推销产品、提供劳务的重要形式，主要目的是扩大经济效益。

（一）广告经营的地位和作用

传媒的经营管理除受自身利益的驱动外，还要接受两大利益实体，即受众和广告主所发挥的影响和制约作用。广告主向传媒投放广告，他们需要支付巨额的广告费，但这一付费不是为了支持传媒生产内容产品，而是向传媒购买受众的注意力，以实现对这些"潜在消费者"的宣传诉求。[①]

（1）广告经营是传媒双重出售活动的重要环节。传媒产品的生产者和经营者通过满足受众和广告主的需求，完成对他们的销售行为，在获取社会效益的同时争取最大的经济效益，以补偿消耗，实现盈余，保障自身的生存和发展。

（2）广告收入是传媒的经济命脉。广告收入是传媒维持生存、谋求发展的经济支柱。没有可观的广告收入，采编、制作、印刷、发行和播出等环节的运作、技术改造的实施都难以为继。近年来，传媒努力拓展创收渠道，实行多元化经营，但广告收入是传媒的主要收入来源。

（3）广告经营的价值补偿作用。受众购买传媒产品所支付的费用往往低于其生产成本。报纸、杂志、有线电视的购买费用等于或低于成本；无线广播和电视完全免费。受众享受廉价或免费的待遇，是因为传媒能以广告收入补偿内容产品的生产成本，广告主为受众享受廉价或免费的传媒产品买了单。

（4）广告传播的信息服务作用。传媒发布的广告所传播的内容除商业信息外，还有一些政府公告、公益宣传、分类信息等。广告传播也是一类信息传播，在政治经济文化和社会服务方面发挥着重要的作用。

（二）传媒广告经营方式

1. 自营

自营是传媒与广告客户直接交易广告版面与广告时段的销售方式，也称为

---

① 屠忠俊，2013. 现代传媒经营管理 [M]. 武汉：华中科技大学出版社.

零售渠道方式。自营广告的传媒广告部门直接接受广告客户的委托，办理刊播广告事务。自营广告有两种方式，分别是门市销售和业务员推销。

（1）门市销售。传媒广告部门设立门市，由专职业务人员接待上门的广告客户，洽谈交易，完成版面、时段的销售，根据他们的实际情况或所提的要求进行广告创意、广告设计、广告编排、广告审查，按照达成的协议发布广告。门市销售主要适用于一些较小规模的广告经营，特别适用于报纸分类广告的经营。

（2）业务员推销。传媒广告部门可聘用专职业务员，拜访潜在的广告客户，推销传媒的广告时段或版面，争取达成交易协议，实现广告销售。业务员推销是传媒广告销售的重要手段，一些杂志社、广播电台等规模较小的传媒的大部分广告营业额是通过业务员推销实现的。业务员销售有利有弊，优点是方式灵活，沟通方便；缺点是不易管理。

2.广告代理制

（1）广告代理制的概念。广告代理制是一种广告主委托广告公司实施广告宣传计划，大众传媒通过广告公司承揽广告业务的广告活动机制。它是在市场经济条件下逐步形成的，并且被证明有利于广告活动开展，能实现广告主、广告代理商、媒体"三赢"的一种被普遍采用的机制。在三者之中，广告代理公司居于核心地位，在广告业务办理中起着黏合剂的作用。

（2）广告代理公司的类型。广告代理公司可以分为全面服务型和专业服务型两大类。全面服务型广告代理公司是广告代理业的主体。它为广告主提供传播和促销的广告服务，其代理对象为各行各业的工商企业和各类大众传媒。全面服务型广告代理公司的广告服务包括市场调研、广告策划、广告创意、广告制作、媒介选择、广告活动实施、广告效果调查。为帮助广告主将产品和服务最大限度地推向市场，全面服务型广告代理公司还提供涉及广告主市场营销计划及其实施的各个方面的非广告服务，如公共关系、包装设计、销售推广材料制作、年度报告撰写、交易展示会组织和销售人员培训等。

专业服务型代理广告公司是广告代理服务市场细分、代理业务专门化的产物。它凭借代理某一行业、某一项目或某一职能方面的比较优势，在某一业务范围内为广告主提供有特色的代理服务。

我国还有两种颇具特色的广告公司类型：一种是由广告主设立，代表广告主购买广告版面、时段的广告公司，如联合利华公司创办的灵狮广告公司；另一种是由传媒广告部门演变而成的广告公司，如中央电视台的未来广告公司、安徽电视台的金鹏广告公司等，其机构设置与各自的母体广告部门重合。

（3）广告代理制在我国的推广。在我国，广告代理制的推广经历了曲折的过程，原因有两个方面：一是传媒对落实代理制的态度不甚积极。我国传媒经济实力的增强基本上靠的是广告经营。传媒的大量广告业务是通过与广告主的直接接洽而达成协议，向广告客户提供的服务也颇为配套，传媒还是想保持自营方式，以免除在代理制下要付给代理公司的大笔佣金。二是代理佣金问题。我国广告业的佣金制度还不够规范。

3. 自营和代理"双轨制"

传媒自营与代理"双轨制"是指传媒在引入代理制的同时，将一部分广告业务留作自营。"双轨制"是传媒迈向广告代理业的一种过渡形式。进入21世纪，传统传媒运作的电视频道、广播频率增加，报纸版面扩大，新媒介也加入广告发布者的行列，传媒业的广告时间、空间、时空供应总量上涨，传媒间的竞争激烈，传媒广告经营的压力增大，传媒广告营销的专业能力受到挑战。各家传媒企业都在积极发展广告代理网络，优化传媒广告营销渠道结构，控制广告成本，以求缓解广告经营压力，增加广告收入，实现自身可持续发展。

（三）传媒广告营销的基本考量

传媒广告版面、时段的价格不是按照成本原则，而是按照价值原则确定的。按照"价值原则"定价，就是按照广告客户预期能够通过刊播广告所取得的促销效果来确定价格，广告价格与生产成本之间没有必然联系。制定科学合理的价格体系，采用灵活应变的价格策略，一般应考虑以下几个方面的因素。

（1）传媒所在地的经济发展水平。广告价格与传媒所在地的经济发展水平密切相关。在发达国家和发展中国家刊播同等数量的广告，价格可能相差几十倍甚至上百倍，广告价格随经济发展程度的不同而有所差别。

（2）传媒的发行量和收视（听）率。传媒的发行量和收视（听）率是衡量其信息传播能力、对受众的影响力、对潜在消费者的覆盖力的最基本指标。发行量大、收视（听）率高的传媒吸引受众数量多，影响力大，传播效果较好。

（3）传媒的品牌形象。品牌形象就是从质的方面评估其价值的依据。品牌形象决定产品在消费者心目中的位置。测评产品品牌形象一般采用知名度、美誉度、满意度和忠诚度等指标。报道真实、持论公正、内容丰富且独具特色的传媒在受众心目中的威信高，品牌形象好。

（4）传媒的受众构成。广告主投放广告是为了把商品信息准确送达给目标受众。广告主购买传媒广告版面、时段要考虑传媒受众的人口学特征和消费行为特征，如性别、年龄、职业、教育程度、收入、消费能力和消费习惯等。这些特征越接近广告目标消费者，在这一传媒上发布广告的预期效果就越好。

（5）市场供求形势和竞争对手的情况。广告版面和时段定价，要看广告市场的总体供求关系的形势。传媒的广告版面、时段价格要参照竞争对手的价格，以保证在广告客户争夺战中处于有利地位。

二、广告主进行传媒选择的基本方法

广告主如何进行传媒选择，这可能是传媒经营者最关心的问题。传媒选择的方法通常可以简单地分为"直接调研法"和"间接分析法"，比较依赖间接数据的是电波媒体，互联网和报刊媒体的第三方评估市场还远远没有成熟，因此，广告主会更多地依赖过往经验或者直接调研法。另外一种间接分析法是从广告竞争的角度出发的，也可称为"竞争监测法"。

1. 直接调研法

直接调研法要求广告主得到合适数量的目标消费者样本，通过问卷和访问等形式直接询问其媒体接触习惯，从而获得第一手的媒体分析数据。调研者需要首先收集基本符合投放目标要求的初选媒体产品清单，并设计一系列有关消费者媒体接触习惯的问卷问题，通过这些定量问题的回答，调研者可以依媒体类型计算出最有针对性的媒体产品阵列。

影响直接调研法工作成效的主要难点在于基础媒体名单的选择和目标消费者的取样质量。直接调研法是第一手数据研究方法，它最直接的好处是便于质量控制，厂商完全可以根据自己的细分市场特点选择合适的样本规模，数据可信度相对更高。由于报纸、电视、广播等媒体类型存在明显的地域性，如果直接调研法需要在多个市场同时进行，执行成本会比较高。

网络广告效果评估的一项基础工作就是获得统计数据，这是评估工作得以进行的前提。互联网服务提供商 ISP（Internet Service Provider）或互联网内容提供商 ICP（Internet Content Provider）通过使用访问统计软件获得评估数据。美国比较流行的 AdIndex 软件可以跟踪网民对产品品牌印象变化的情况。广告主希望网络广告具有针对性，这就需要获得每个网民的 IP 地址和消费习惯。Cookie 技术可以区别不同地址甚至同一地址不同网民的信息，以此来为广告主提供不同类型的统计报表。

2. 间接分析法

间接分析法首先要求获得市场上现有媒体的受众数量和质量指标，再根据自身的目标消费者群体特征分析出最恰当的媒体选择清单，从而获得更大范围的媒体选择依据。

（1）广播电视媒体。尼尔森媒体研究（Nielsen Media Research）和央视索福瑞市场研究（CSM）先后在中国提供电视收视率数据。尼尔森还提供电台收听率数据。收视（听）率的测量方法目前已经基本规范为样本家庭仪器法。受访的样本家庭通过专门的电视遥控器进行完整的节目收视监测，收视数据通过电话线传回数据中心，由调研企业通过电视节目表匹配获得每个电视节目的收视率数据。这些数据再和样本家庭的收视者个人社会特征数据进行交叉分析，方能被广告主用于判断目标消费者的收视（听）习惯。

（2）互联网媒体。委托第三方机构进行监测来获得评估数据。由第三方机构独立进行评估，评估结果的公信力更强。目前，权威的网络广告监测公司 Double Click 和 Netgraphy 就是用一定的统计软件来获得广告曝光、点击次数以及网民的个人情况的一些数据。第三方机构独立于 ISP 或 ICP 之外，因此在客观程度上有所提高，使统计数据的可信度增强。国外像 Media Metrix 这样的网络调查公司，利用对网民的随机抽样来评估网上广告行为，获得效果评估数据。

在国内市场，提供基于样本的互联网媒体评估数据的有艾瑞 iUserTracker，中国互联网协会的《中国网站排名》和亚马逊的一家子公司 Alexa Internet。另外，华瑞网标（尼尔森的合资企业）和万瑞数据提供的是基于站点服务器的访问量认证服务，它们能够提供用于证明特定媒体的访问量指标。

（3）报刊媒体。报刊媒体的第二手媒体研究数据主要来自新生代市场研究公司中国媒体与市场研究 CMMS 产品和央视市场研究的全国读者调查数据（CNRS）。这两家企业通过每年两次面向全国范围内主要城市家庭的固定样本入户调查，获得相对比较完整的媒体接触习惯数据，两家公司的样本总量估计在 3 万~5 万份。CMMS 和 CNRS 的数据对于报刊媒体选择依然有一定的参考作用。除受众固定样本法外，北京的世纪华文公司还在若干主要城市进行报刊零售调查，通过对报刊零售摊点的抽样调查分析在零售渠道中报刊的销量和分布。发达国家常用的发行量第三方审计在中国市场应用寥寥。只有在经济与管理类杂志领域约有 10 份左右的杂志获得 BPA 发行量认证。从世界范围来看，提供这样服务的公司大多来自私营领域或者非营利机构。

3. 竞争监测法

使用竞争监测法的广告主针对竞争对手现有的媒体选择，制定攻击或防御的广告开支策略，能够有效地和竞争品牌进行定标比超。在中国市场，梅花信息、尼尔森媒体研究、央视市场研究等提供跨媒体的广告竞争监测，慧聪邓白氏还提供报刊广告监测，中天盈信提供户外广告监测，另外，艾瑞市场咨询专事网络广告监测。广告主可以通过这些第二手数据清楚地了解竞争对手的媒体使用策略和创意策略，从而选择适合自身的媒体。

第二节 传媒广告的特征与类型

按照广告的传播媒介分类，广告分为报纸广告、杂志广告、广播广告、电视广告、网络广告以及手机广告等，每一种传播媒介的传播特性不同，广告传播效果也不同，有其传播优点与缺点，计价方式也略有不同。

一、报纸广告的优缺点与类型

（一）报纸广告的优点

1. 报纸在编辑方面的优势

报纸的版面大、篇幅广、可供广告主充分地进行选择和利用；报纸的特殊新闻性，能够增加报纸广告的可信度；报纸的编排灵活，使广告文稿改换都比较方便。

2. 报纸在内容上的优势

报纸的新闻性强、可信度较高、权威性较高。

3. 报纸在印刷方面的优势

报纸能够图文并茂，印刷成本较低。

4. 报纸在发行方面的优势

报纸的发行面广，覆盖面宽，传播面广，读者众多，遍及社会的各阶层；报纸的发行对象明确，选择性强；报纸的发行区域和接受对象明确，发行密度较大；报纸的信息传播迅速、时效性强；报纸的出版频率高和定时出版的特性，使信息传递准确而及时；报纸具有保存价值。

（二）报纸广告的局限

报纸在编辑方面内容繁多，容易导致阅读者对广告的注意力分散；加之由于版面限制，经常造成同一版面的广告拥挤不堪；报纸在内容上众口难调；报纸并不是根据年龄、性别、职业和文化程度来发行和销售的，因此，广告目标受众不明确；受到印刷水平的限制，在文字和图片上质量较粗糙，在图片色彩上比较单调；报纸在发行上寿命短暂，利用率较低；由于报纸出版频繁，使每张报纸发挥的时效都很短。

（三）报纸广告的分类

不同的报纸使用不同质地和规格的纸张，有着不同的广告设置，不同的版面、不同的广告位、不同的印刷工艺的报纸广告价格也是各不相同的。

按照广告的性质分类，报纸广告又可以分为商业广告、公益广告、插页广告和分类广告等。商业广告是直接推销商品与服务的广告，包括商品广告和企业广告。公益广告是旨在传播公益观念，促进社会主义精神文明建设的非商业性广告。插页广告是夹带在报纸中的散页广告。分类广告是按照广告的内容刊出的小广告，可以是促销某种商品，或者是招聘、遗失、求职、招领和婚丧等启事广告。

一般来说，报纸广告按照尺寸版式可分为以下几类。

（1）版面广告。版面广告是指在报纸同一个版面上刊登的广告，一般根据占有版面的面积分为整版、半版、1/4 版、1/8 版、1/16 版等形式。其中以整版广告和半版广告的效果最理想，它们具有广阔的表现空间，可以创造出理想的广告效果。

（2）跨版广告。跨版广告即一个广告作品刊登在两个或者两个以上的版面上，一般有整版跨版、半版跨版、1/4 版跨版等形式。

（3）通栏广告。通栏广告是指横排版报纸中的各式各样长条形的广告，一般分为双通栏、单通栏、半通栏和 1/4 通栏等形式。其中，单通栏广告是报纸广告中最常见的类型，符合人们的正常视觉要求，具有一定的说服力。

（4）报花广告。报花广告也称为栏花广告或者刊花广告，是版面中的小豆腐块，位置不固定。报花广告版面小，价格低，不具备广阔的创意空间，一般以企业信息内容为主。

（5）报眼广告。报眼广告为横排版报头一侧的版面，面积不大，但是位置十分显著。报眼广告能够体现广告的权威性、新闻性、时效性和可信度。

（6）报眉广告。报眉广告是指每一版顶上部的长条形小广告，其内容与报纸的版面内容一般有一定的相关度。

（7）报缝广告。报缝广告是指位于报纸对折中间位置的广告。

（四）报纸广告的经营战略

近年来，受到网络新媒体的冲击，报纸广告收入连续下降。中外报纸广告收入都出现了锐减的现象。报纸需要以创新思维来对待当前激烈的竞争环境。

（1）创新经营机制。将原来直接由经营中心负责营销和管理的广告按行业划分，以主管部为责任主体，分级考核，将原来经营中心统一管理的范围，分级下放至各行业部室。

（2）加强经营策划。在信息时代，注意力越来越成为稀缺资源，常规的报纸广告的注意力效果也日渐下滑。活动策划是一个不可忽视的重要环节，大型活动策划可以有效地牵引注意力、拉动广告投放的反弹。

（3）拓宽经营思路。经营思路的创新往往会带来意想不到的效果，比如，在美国，零售商是报纸的广告大客户，长期以来，报社一直通过报纸、插页、直邮这3种印刷媒体的形式为零售商提供媒介服务。

（4）调整分销策略。有效设计分销渠道是报业广告经营的重要策略。根据广告代理制规定，代理公司应该是媒体的合作伙伴，是产品的代理经销商，理应得到媒体的尊重，并需要获取15%的正常代理收益。

（5）扩大有效发行。通过扩大有效发行量和控制无效发行量，来降低报纸的经营成本；追求报纸的广告效益；追求广告目标消费市场区域与报纸的读者市场区域重合，建立发行数据库，运用数据库资料，分析发行动态，及时调整发行策略。

二、期刊广告经营

（一）期刊广告的优点

期刊广告具有接触特定目标受众的能力。大多数期刊都是为某个特殊兴趣群体印刷的，使广告主能够命中购买其产品的基于人口与地理区域的细分市场。

（1）印刷质量好。期刊通常采用优质纸张印刷而成，其印刷工艺能够提供优质的黑白或彩色效果。

（2）创作的灵活性。期刊在广告材料的形式、尺寸、位置的选择方面具有灵活性。一些期刊可提供特殊方案来加强广告的创意诉求，提高阅读率和注意力。一些广告还使用各种插页，包括反馈卡和产品样品等。

（3）持久性。期刊的另一个优势是它们较长的保存时间，电视和广播信息变化快，留存时间短，报纸在阅读后也会很快丢弃。然而，期刊通常可阅读几天并保留作参考，传阅率较高。

（4）声誉。期刊广告可利用良好的形象和声誉提升产品和服务的可信度，期刊内容质量高，消费者也会对其中的广告产生兴趣。

（二）期刊广告的局限

期刊广告也有许多缺陷，包括广告费用、有限的发行范围和到达率、广告所需的较长预留期和激烈的广告竞争以及干扰性等问题。

（1）费用较高。期刊广告相对费用较高。大多数期刊以千人成本来表明它们接触特定目标受众的有效性，千人成本较高是因为它能最有效地到达细分市场。

（2）有限的发行范围和接触频率。期刊对家庭的渗透率较低，寻求广泛影响的广告主只能购买数种期刊，这意味着要进行更多的谈判和沟通。大多数期刊为月刊，最短为周刊，对于寻求广泛影响的广告，期刊必须与其他媒体联合使用。

（3）较长的预留期。许多重要刊物需要30~90天的预留期，期刊广告不能像其他媒体广告那样具有时效性。

（4）干扰度大。许多期刊中的广告内容超过半数，这么大的干扰使广告很难吸引读者的注意。期刊也在尽力解决干扰问题，维持正文内容和广告间的平衡，采用强烈的视觉效果、醒目的标题或文案描述来抓住读者的视线。

（三）期刊广告的经营战略

期刊广告的经营战略需要向市场细分、品牌推动以及主题追随战略等方向发展。第一，市场细分战略就是通过细分市场定位，以增强在目标市场中的影响力、话语权，以内容拉动广告，市场细分包括受众市场、发行市场和广告市场3个层面，要增加3个细分市场的契合度。第二，品牌推动战略，期刊品牌是期刊的标识、内在品质、整体形象、自身文化、外在风格以及营销策划等要素整合而成，期刊品牌战略是提高社会影响力，提高广告收益的重要手段。期刊品牌战略需要科学定位，确立品牌的热点、趣点、视点和卖点；确立风格，内容具有可读性与创新性；通过自我推介、营销组合和广告宣传等整合营销手段塑造品牌。第三，主题追随战略，就是有意识地开发与该主题相关的广告资源，借助期刊主题增强广告传播效果，例如，《财经》所做的《基金黑幕》等"揭黑"系列报道，《新周刊》所做的《中国不踢球》《飘一代》等选题策划，《中国国家地理》所做的《中国最美地方排行榜》等策划。[①]

三、广播广告经营

随着现代科技不断发展和新媒体的不断出现，广播受到了前所未有的挑战和冲击。但是，广播还是有着它的不可替代性。

（一）广播广告的优点

（1）传播方式的即时性。广播广告传播速度较快，广播可使广告内容在信息所及的范围内迅速传播到目标消费者的耳中。

（2）传播范围的广泛性。电波可以不受空间的限制，并且广播的发射技术

---

① 颜景毅，2009. 传媒广告经营与管理［M］. 郑州：郑州大学出版社.

比电视简单得多，覆盖面积特别广，可以到达全球每一个角落。

（3）收听方式的随意性。收听广播简便、自由、随意，因为它不受时间、地点的限制。对广播来说，收听媒介的多元化，收听地点的移动化，收听时间的碎片化，使人们可以在各种状态下接收广播的信息。

（4）受众层次的多样性，不受文化水平和教育程度的影响。

（5）制作成本与播出费用的低廉性。广播广告制作过程比较简单，制作成本也不高。收费标准低，是当今最经济实惠的广告媒体之一。

（6）播出的灵活性。广告主可以根据不同的目的，自由选择广告播放的形式和时间段。广播诉诸人的听觉，容易激发情感，它能给听众带来无限的想象空间。

（二）广播广告的局限

（1）创意的局限性。广播作为广告传媒的主要缺点是缺乏视觉的图像。广播广告主无法展示他们的产品、做示范或运用任何视觉的吸引信息。同电视广告一样，广播广告也是短暂的，转瞬即逝，听众无法控制其播出的进程。

（2）分散性。电台数目众多，听众高度分散，人们调至同一个电台的比例通常是很低的。客户不得不去许多家电台购买广告时间，哪怕仅仅是为了覆盖一个地区性的市场。

（3）混乱的购买程序。对于一个想用广播来覆盖全国市场的广告主来说，其媒体计划和购买过程将会非常混乱。如在美国全国范围内播出的商业电台共有 10 000 余家。哪怕只对其中的一小部分收集信息、评估或与其签订合同，也是非常困难，而且耗时很长。

（4）听众注意力的缺乏。广播广告很难使听众对广告保持注意力。广播节目，尤其是音乐，往往是作为听众进行其他活动的背景音乐，可能不会引起听众足够的注意。这样，他们就会错过全部或者部分的商业广告。

（三）广播广告的经营战略

广播电台的广告收入近年来持续下跌，2022 年，全国广播广告收入 73.72亿元，同比下降 28.09%。

广播具有较强的地域优势和分众优势，虽然也受到新媒体的冲击，但可以立足细分市场，开创多个新的增长点。第一，提升品牌形象，将广播办成精品，塑造广播在受众心目中的良好形象。第二，频率定位战略，通过广播频率在相关领域内的话语权和影响力，以吸引广告客户，我国已形成了新闻、音乐、交通等专业化频率，需要根据目标消费者的人口学特征，通过恰当的节目类型聚合和培养其最感兴趣的受众。第三，创新广告代理模式，频率代理包括分行业代理、整频率代理、分时段代理、品牌代理、频率自主经营、总台集约化经营和频率与总台双向经营等模式，根据自身情况，选择合适的经营模式。第四，开发手机电台、APP、PC 客户端等互联网渠道资源，丰富广告创收模式。整合广播广告资源、微博和微信资源、线上和线下资源，加强活动营销，提高品牌价值。

四、电视广告经营

电视广告是通过电视媒介播出，运用声画结合的表达方式来传播特定广告内容的广告形式。广告主需要充分发挥电视媒介特有的长处和优势，获取最佳的广告效果。

（一）电视广告的传播优点

（1）直观性强。电视是视听合一、声情并茂的传播媒介，具有很强的直观性，超越了读写障碍，成为一种大众化的传播媒介。

（2）电视广告冲击力、感染力特别强。电视媒介用忠实的记录手段再现信息的形态，这是其他媒体的广告都难以达到的。

（3）有利于激发情绪，增加购买欲望。对于选择性强的日用消费品、流行的生活用品和新投入市场的商品，运用电视广告，容易激发消费者对商品的购买兴趣与欲望。

（4）有较高的注意率。电视广告注意运用各种表现手法，使广告内容富有趣味，增强了视听者观看广告的兴趣，广告的收视率也比较高。

（5）有利于不断加深印象。电视广告是一种视听兼备的广告，能够逼真、突出地从各方面展现广告商品的个性。比如，广告商品的外观、内在结构、使用方法和效果等都能在电视中逐一展现，通过反复播放，不断加深印象，巩固记忆。

（二）电视广告的传播缺点

电视广告受收视环境的影响大，不易把握传播效果。电视机需要一个适当的收视环境，在这个环境内，观众的多少、距离电视机荧屏的远近、观看的角度及电视音量的大小都直接影响电视广告的收视效果。

（1）瞬间传达，被动接受。全世界的电视广告长度差不多，都是以5秒、10秒、15秒、20秒、30秒、45秒、60秒为基本单位，超过4分钟的比较少。电视广告只能在短短的瞬间完成信息传达的任务，难度较大。

（2）费用昂贵。一是指电视广告片本身的制作成本高、周期长；二是指播放费用高。就制作费而言，电影、电视片本身就以制作周期长、工艺过程复杂、不可控制因素多而著称，而且为广告片专门作曲、演奏、配音、剪辑、合成，更需要花费大量的金钱。

（3）不利于深入理解广告信息。电视广告时间长度多为5~45秒。要在很短的时间内连续播出各种画面，不能做过多的解说，不宜播放需要高理解性诉求的商品。

（4）容易产生抗拒情绪。因为电视广告有显著的效果，运用电视广告的客户不断增加，电视节目经常被电视广告打断，容易引起观众的不满。

（三）电视广告的分类

对电视广告进行分类，就是从不同的角度和层次，按不同的内容和样式，对色彩纷呈的电视广告进行梳理，以便进行系统的研究，掌握不同类型电视广告的创作规律，更好地指导广告创作实践。

1. 按广告目的划分

按广告目的划分，可以分为以营利为目的的商业广告和不以营利为目的的宣传服务性广告两大类。

（1）商业广告，包括商品广告、劳务广告、促销广告和企业广告等。

①商品广告：以传播商品信息为内容，主要介绍商品的性能、特点、质量和用途等，这类广告是商业广告的主体。

②劳务广告：以提供服务信息为内容，其种类取决于劳务形式，可分为求职广告、技术转让广告和服务广告。

③促销广告：以传播短期性、临时性或定期内特殊优惠销售手段为信息内容，如有奖销售、削价处理、打折优惠、买一赠一、展销直销和咨询服务等。

④企业广告：也称公关广告或企业形象广告，多宣传企业经营理念、价值取向、行为规范、企业视觉标识及企业精神等，以显示企业的管理水平和雄厚的实力，提高企业知名度和美誉度。

（2）宣传服务性广告，包括公益广告、文化广告、社会服务广告等。

①公益广告：涉及公共利益和社会整体长远利益，如中央电视台播出的"广而告之"栏目。

②文化广告：以传播科技、文化、教育、体育、文艺、新闻出版、影视信息为内容，这类广告是社会主义精神文明建设的重要组成部分。

③社会服务广告：指为全社会提供服务性内容的电视广告，如征婚、寻人、挂失、招聘、求职和换房等广告，均为社会服务广告。

2. 按诉求方式划分

按诉求方式划分，可以分为理性诉求式广告和感性诉求式广告。

（1）理性诉求式广告，即采用理性说服方式来宣传某种观念、主张，或介绍产品特点、性能及服务项目的一种广告方式。它的特点是说理性强，配合屏幕画面和解说，既阐述观点、性能和特点，又有事实材料和理论依据。

（2）感性诉求式广告。这类电视广告多采用感性说服的方法，通过生动的创意、丰富的艺术表现手法和独特的影视语言来宣传某种观念，介绍企业、商品或劳务，其特点是以情感人、以情动人，形成感性认识，引起情感共鸣。

3. 按制作工艺和方法划分

按制作工艺和方法划分，可以分为现场直播广告、胶片广告、录像磁带广告、幻灯片广告、字幕广告和电脑广告。

（1）现场直播广告。即在摄影棚或转播室等电视节目现场或电视剧拍摄现场直接拍摄、制作、转播的广告。这种广告具有真实感和现场感。

（2）胶片广告，也称拷贝广告、电视影片广告。广告摄制人员用摄影机将广告内容拍摄在 35 mm 或 16 mm 的电影胶片上，然后再转成磁带，送到电视台播放的广告。这类广告色彩好，视觉效果理想，并可以运用电影特技和各种摄影技巧，能充分体现广告创意，艺术感染力强。

（3）录像磁带广告。用专业摄像机将广告内容拍摄在录像磁带上，再转到电视台的播出带上播出的广告。这类电视广告摄制过程简单快捷，制作时间少，成本也比胶片低得多，只是画面效果比胶片广告差些。

（4）幻灯片广告。用专业照相机将信息内容拍在底片上，制成幻灯片，或将信息内容绘在纸上，再拍成幻灯片。其特点是画面上的照片或图画静止不动，可以加上字幕、音乐或画外音。这类广告制作简便，投入资金少，但艺术感差。

（5）字幕广告。将广告内容以字幕方式叠印在正在播映的节目画面下方播出。这类广告伴随节目的进程随时播映，比较灵活方便，使观众在观赏节目的同时也了解了广告信息。

（6）电脑广告。采用电脑技术制作的广告片，先按广告创意和文案要求，绘成图形或动画的一个个瞬间造型，再通过电脑技术，使之产生运动，制成二维或三维动画输到录像磁带上再播映。

4.按编排播放形式划分

按编排播放形式划分，可以分为节目广告和插播广告。

（1）节目广告。这类广告是广告主（企业）向电视台购买或赞助一个专栏节目，提供节目的制作经费。然后，在节目播映期间，穿插播映自己企业的广告。广告播映时间和期限的长短，依据赞助费用的多少和节目的长短及播放期限而定。这类广告的优点是可作植入性广告，广告时间灵活，播放形式多样。

（2）插播广告。这类广告是穿插于电视台编排的节目与节目之间，或某个节目中间播出的广告。因为每天在电视台规定的固定时间段内按时播映，观众定时收看，所以又称常规广告。

5. 按电视广告的形式划分

按电视广告的形式划分，可以分为电视广告片、标版、赞助形式、栏目冠名、贴片广告、隐性电视广告等。

（1）电视广告片。时间长的电视广告片一般为30秒或1分钟，最为常见的则是15秒。广告主希望用15秒时长的广告片来承载更多的广告信息。

（2）标版。标版时间较短，一般为5秒，甚至更短，通常只有一两个体现企业形象的画面和一句广告语。电视黄金时段的标版为企业所看好。中央电视台新闻联播后的5秒标版，曾连续多年成为企业争夺"标王"的标的物。

（3）赞助形式。赞助电视晚会、卫星实况转播、有奖智力竞赛、电视片和电视剧的拍摄等，一般在片头和片尾注上某企业赞助的字样。

（4）栏目冠名。将电视台的某些热门栏目以企业的名称或产品品牌命名，这也是一种常用的企业赞助形式，挂名"特约播出"，也属于栏目冠名广告。

（5）电视信息片。电视信息片的内容大多是对产品功能进行介绍和演示，电视直销广告片就属于这一类；另有一类侧重展示产品形象。电视直销广告片与其他电视广告片不同，往往会出现产品价格，并提供热线电话供消费者订购。

（6）贴片广告。贴片广告固定地"贴"在某一部电视连续剧的片头、片尾或片中而播出。

（7）隐性电视广告，又称植入式、嵌入式电视广告。植入式广告多数情况下只适用于知名品牌，不适于深度说服。植入式广告要注意量，否则会影响电视节目或影片效果，植入广告要与情节、内容有内在的联系性。

（8）其他形式。各种更新、更独特的媒介形式不断涌现，甚至根据企业主的要求，开始量身定做其他形式的广告了。

以上是几种主要的电视广告分类方式。此外，还可以按照发布方式的不同，将电视广告划分为联播广告、定点广告、点播广告；按电视媒体传播范围的不同，把电视广告划分为国际广告、全国性广告、区域性广告和地方性广告等。科学地划分电视广告的种类，有利于人们深刻地理解电视广告的基本特征，充分发挥电视媒体的优势，提高电视广告效果。

（四）电视广告的经营战略

优质综艺节目、影视剧与新闻时事类节目是拉动电视广告增长的"三驾马车"。

我国的电视广告经营具有多种模式，包括电视台购买节目，销售广告时间；出售播放时间，专业节目公司购买电视台的时间，播放自己的节目与广告，电视台收取一定数额的播放费；以部分广告时间交换节目，制作公司出售电视台给的广告时间，所得收入补偿节目制作费用，剩余的部分是公司的赢利。

比起其他媒体，电视对广告来说尤为倚重，许多电视台广告收入占全部经营收入的 90% 以上。电视广告经营可以采取如下的战略：第一，专业化频道战略，设立受众清晰、定位准确、内容专业的电视频道，例如，美国著名的 HBO（家庭影院频道）、MTV（音乐）频道、ESPN（体育娱乐频道）和美国国家地理频道等都是专业化频道。频道专业化要做好频道定位，培育品牌栏目，加强频道标识、音乐、色彩、主持人风格以及节目编排等方面的整合营销。第二，多元化的定价策略，根据收视率、市场供求关系和招标情况等分别制定价格，同时根据时间差别、数量差别、品类差别和季节差别等调整价格，综合运用价格策略，追求效益最大化。第三，独特优势战略，通过提供与众不同的产品或者服务，形成独特的内容与核心竞争力，吸引广告客户。独特内容包括独播剧、重大赛事的独家直播权和自办节目等，打造频道、栏目和主持人等多层次的品牌。第四，跨屏整合战略，实现全媒体整合营销。例如，上海百视通收购数字营销公司艾德思奇，打通五大屏营销数据系统，与广告主三方研发广告产品，提高传播精准度。[①]

五、网络广告经营

（一）网络广告的优点

覆盖范围广；费用低廉，电脑网络由于节省了报刊的印刷和电台、电视台昂贵的制作费用，成本大大降低；成交概率高；多媒体性，网上广告可以做成

---

① 骆正林，2008. 传媒竞争与媒体经营——传媒经营与管理研究［M］. 北京：中国广播电视出版社.

集声、像、动画于一体的多媒体广告；迅捷性，信息的发布、反馈快；互动性强，能够实现真正的双向交流；信息承载量大；受众群体消费能力强；网络可以精确掌握有关用户的数据。

（二）网络广告的局限

截至 2022 年 6 月，我国网民规模为 10.51 亿人，互联网普及率达 74.4%，然而网络广告的效果评估比较困难，没有一家公认的第三方机构可以提供量化的评估标准和方法，数据的准确性、公正性一直受到广告主的质疑；安全隐患大，垃圾广告多，网络广告的权威性与可信度没有传统广告强。

（三）网络广告的分类

1. 按网络广告的形式分类

（1）横幅广告。这是网上使用最多的广告，是网页上出现的一个显示静态或动态图形的矩形图像，嵌有广告主网站的链接。

（2）弹出式广告。用户打开或关闭一个窗口时出现一个广告窗口，该窗口没有浏览器常规的控制工具，唯一关闭的办法就是点击右上角的关闭按钮。

（3）弹底式广告。是在弹出式广告之后紧跟一个命令恢复浏览器窗口，这样就将广告窗口放在用户浏览器之后，等用户关闭浏览器之后就会看到广告。

（4）插页式广告。在用户点击链接打开页面时出现的不是想打开的页面，而是插页式广告的窗口（插在两个页面之间），大多数插页式广告会自动关闭，接着在原浏览器窗口中显示用户想打开的页面。

（5）媒体广告。又叫活动式广告，指在原页面（不是新打开窗口）上浮动的图形活动。

2. 按网络广告的媒介分类

（1）网幅广告（包含旗帜、通栏、竖边和巨幅等）。网幅广告是以 GIF、JPG、Flash 等格式建立的图像文件定位在网页中，大多数用来表现广告内容。静态网幅广告就是在网页上显示一幅固定的图片。交互式广告的形式多种多样，如游戏、插播式、回答问题和下拉菜单等。

（2）按钮广告。能提供简单明确的资讯，而且其面积大小与版面位置的安排都较具有弹性，可以放在相关的产品内容旁边，是广告主建立知名度的一种相当经济的选择。浏览者只有主动点击按钮，才能了解到有关信息。

（3）文本链接广告。它是以一排文字作为一个广告，点击可以进入相应的广告页面，如百度推广等，是一种针对性强的网络广告形式。

（4）电子邮件广告。电子邮件广告具有覆盖面广、成本低、速度快、针对性强的特点，它可以针对具体某一个人发送特定的广告，缺点是垃圾邮件的泛滥和困扰、评价电子邮件广告效果困难。

（5）赞助式广告。广告主出资赞助网站的某个栏目，赞助式广告多种多样。这种广告放置时间较长且无需和其他广告轮流滚动。

（6）插播式广告（弹出式广告）。访客在请求登录网页时强制插入一个广告页面或弹出广告窗口。

（7）富媒体。一般指使用浏览器插件或其他脚本语言、Java 语言等编写的具有复杂视觉效果和交互功能的网络广告。

（8）互动游戏式广告。在一段页面游戏开始、中间、结束的时候，广告都可随时出现，并且可以根据广告主的产品要求，为之量身定做一个属于自己产品的互动游戏广告。

（9）EDM 直投。定向投放对方感兴趣或需要的广告及促销内容，以及派发礼品、调查问卷，并及时获得目标客户的反馈信息。

（10）定向广告。可按照人口统计特征，针对指定年龄、性别、浏览习惯等的受众投放广告，为客户找到精确的受众群。

（11）来电付费广告。叮铃铃是中国搜索引擎优化营销服务中心和中国搜索引擎优化营销研究所联合推出的一项网络广告。

（12）文字自动刷新广告。不同的时候浏览该网站同一个位置出现不同的广告衔接信息。

（13）漂浮广告。在网页上下左右不断飘动的图片广告。优点是可以始终保持在当前网页的位置上。缺点是很容易被关闭，失去效果。

（14）Web3.0 时代的新型网络广告：博客广告、社区定位式广告、口碑式广告、体验式广告、软件广告。

（15）专栏广告。即在网站主页某一区域划分为某一品牌专属广告位，广告形式主要以文字链接加按钮广告为主，也有通栏广告的形式。

（16）对联广告。指利用网站页面左右两侧的竖式广告位置而设计的广告形式，以长纵形式出现在页面左右两侧。

（17）悬停广告。一般是指在网民拖动滚动条时，广告可以跟着移动，确保浏览过程全程可看见，一般是很小的矩形或方形。

（18）浮层广告。页面打开后进行播放，完成后收成浮动图标，可重播浮动图标，可置于页面侧缝或页面左侧。

（19）撕页广告。在网页的角落自动撕页，展示广告诉求后收回。

（20）触动广告。在文章页面展现，超大面积，适合全面展现品牌形象。

（四）网络广告的经营战略

随着新的网络技术与广告技术的发展，网络广告将保持高速增长的态势，品牌广告主预算将进一步向网络媒体倾斜，共同推动网络广告达到新的规模。网络广告可以在以下几个方面加强战略规划：第一，加强网络大数据的挖掘与利用，这些可用的数据包括广告主内部数据和官网等获得的数据，代理方或平台方、媒体与运营商通过广告投放获得的数据，第三方数据监测公司获得的数据等。通过大数据可以针对人群、时间、地域、频次和内容等进行精准投放。第二，根据媒体资源库存的类型与购买资源采取的出价方式，可以采取竞价和定价两种方式，定价的方式是买方与卖方事先约定好的一个固定价格，公开竞价与受邀竞价则是通过竞价的方式对未预定的库存进行购买，RTB（Real Time Bidding）就是实时竞价。第三，运用技术领先战略，完善广告表现形态，实现广告定向投放，优化广告评估效果。

六、移动智能终端的广告经营

手机和平板电脑等移动智能终端是媒体形式中普及性与方便性较高的广告

媒体平台。随着智能手机的普及和网络技术的不断进步，我国手机网民规模逐年增大，占总网民规模的比例逐年提升。这一趋势使移动媒体成为广告主发布信息的重要平台。

（一）移动智能终端广告的优点

（1）终端普及率高。2022 年，我国拥有超过 9.5 亿智能手机用户，手机已逐渐成为覆盖人群最广的一种媒体形式。

（2）信息传播及时性强。手机用户可 24 小时随时随地在线，不受时间和地点限制，用户的黏着度好。信息可以即时反馈，广告传播效果可计量。

（3）互动性强。手机广告可以充分利用手机媒体的信息互动优势，广告主可以随时得到用户的反馈信息，从而及时测量广告效果。

（4）多媒体性。文字、图片、音频和视频等各种媒体形式的内容都能从手机上获得，消解了传统媒体（电视、广播、报纸、通信）之间的边界。

（5）广告定位投放准确，分众性强。广告商可以在掌握客户数据资料的基础上，利用大数据分析筛选手机用户的消费取向，进而发布有效信息，精准度高。

（6）广告传播成本比较低廉。广告信息具有一定的强制性，手机可以通过短信息等形式将信息强制性地传播给受众。

（二）移动智能终端广告的缺点

（1）手机屏幕小。屏幕所能展示的信息量有限，受众想在其中筛选有用信息会非常费时费力，精确分类显得非常重要。

（2）内容不详尽。手机广告信息存在数字或篇幅的限制，很难全面展示广告内容，广告冲击力较弱。

（3）到达群体有限。对有些不擅长使用手机的人群来讲，传播效果不强。

（4）内容繁杂，影响广告注意率，大量广告容易引起用户的反感。

（三）移动智能终端广告的类型

（1）短信广告。短信群发广告、短信抽奖、短信促销等在国内应用已经非常普遍。短信广告是指通过发送短信息的形式将企业的产品、服务等信息传递给手机用户（受众），从而达到广告目的的广告形式。

（2）WAP 广告。WAP 广告的主要形式是在既有的手机 WAP 站点中，增加图形 Banner 以及文字链接，通过链接将用户引导到后台。这种广告形式与传统互联网站点上的广告相同。

（3）手机二维码广告。手机二维码可以印刷在报纸、杂志、广告、图书、包装以及个人名片等多种载体上，用户通过手机摄像头扫描二维码或输入二维码下面的号码、关键字即可实现快速手机上网，快速便捷地浏览广告网页。

（4）手机视频广告。通过移动 GPRS 网络播放视频，它可以出现在手机用户想要观看视频的片尾或片头，许多广告视频本身也是用户点击的对象。

（5）App 广告，或称 In-App 广告。指智能手机和平板电脑这类移动设备中第三方应用程序内置广告。

（6）移动搜索广告。指借助移动搜索服务展开的广告营销，即在网民利用智能手机、平板电脑等移动终端登录移动搜索时，广告主针对目标消费者展开的直接或间接的营销传播活动。

（7）移动游戏广告。穿插在移动终端游戏中的广告。

（四）移动智能终端广告的经营战略

随着中国 5G 消费者快速增长，中国移动智能终端广告将迎来一个高速发展的时期。从中长期发展来看，移动广告发展战略需要在如下几个方面加强：第一，基于地理位置服务（LBS）的本土化营销模式，为部分广告主探索本地化营销服务。第二，基于数据管理平台（DMP）的精准营销得以推进，广告主与广告开发平台将提高移动广告传播效果。第三，程序化购买逐步成熟，移动终端的需求方平台（DSP）、供给方平台（SSP）不断涌现，移动实时竞价广告交易平台（Ad Exchange）逐步成熟，移动广告程序化购买各个环节逐步完善。随着移动广告品牌与效果评价监测体系不断完成、网络对移动终端依赖性的增强、App 数量的持续增长，以及广告主对移动营销价值认同感的增强，移动广告将有很大的发展潜力。

第三节　广告效果的测量与评估

广告主选择媒体的最高原则是以最有效的成本传递到最多的目标受众，即所选的媒体在最有效的成本基础上达到最大数目的目标人群。广告效果测量与评估是广告主选择媒体的重要依据。广告效果评估的指导和依据是广告效果指标体系，不同媒体广告差异大，效果测量的指标体系也有差异，所以，建立指标体系是广告效果测量中最难的工作。

一、报刊广告效果评估

测量报刊广告效果的指标可分为针对报刊的指标、针对读者的指标、针对报刊与读者双向作用的指标、针对版面设计的指标等。

（一）针对报刊的指标

报刊的广告效果测量指标包括"广度"和"深度"。"广度"指信息传递范围，包括人群范围和地理范围。"深度"主要是指广告信息被阅读的程度。测量指标有发行量、发行区域、发行密度。

（1）发行量。指报刊发行到读者手中的份数。发行量包括：①宣称发行量：即报刊本身根据实际印刷份数扣除未发行份数所宣布的发行量；②稽核发行量：即由独立的第三方机构对报刊发行量查证后提供的发行量数据。

发行量根据不同特点分为以下几种：①订阅发行量：发行量中属于长期订阅部分的发行量。②零售发行量：发行量中属于单期购买的发行量。③赠阅发行量：发行量中以非收费方式发出的份数。

发行量是平面媒体制定广告价格的基础。发行量越大，刊登广告的价格就越高。广告公司在选择媒体组合时，除考虑发行量外，更要考虑在特定区域的发行密度和目标群体覆盖率。

（2）发行区域。它指报刊的覆盖范围。发行区域有农村与城市、经济发达与不发达的区别，是否与目标消费群体重合也对广告主非常重要。

（3）发行密度。通常在一个地区发行密度最大的报刊往往是该地区最有影响力的报刊，也是该地区发布平面广告首选的报刊。广告商必须考虑人群发行密度，即媒体在产品目标消费者和潜在消费者中的发行密度。

（二）针对读者的指标

在媒体选择上，广告主既要考虑报刊发行量、发行密度，更要参考特定报刊读者与产品消费者的吻合度，需要参照一系列指标。

（1）阅读人口。指固定时间内阅读特定报刊的人数。阅读人口包含付费阅读人口、传阅人口、目标群阅读人口等。

（2）读者结构。从人口学角度分析特定报刊的人口特征，是指在特定报刊读者中具有不同特征的读者相对集中的程度。

（3）目标消费群。指广告产品特定的服务人群，一般根据人口学特征来划分，如性别构成、年龄结构、文化程度、职业结构和经济状况等一系列指标。

（4）目标消费群与读者的吻合度。指报刊读者与广告产品目标消费群的一致程度，吻合度越高，广告越有可能有效地传递给目标消费群。

（5）阅读兴趣与行为。目标消费群对哪些方面内容感兴趣，通常影响其阅读的选择。读者的阅读行为包括阅读时间、地点、阅读顺序等。

（6）读者的生活方式。生活方式在相当程度上决定了人们的消费行为，包括媒介接触与产品消费。

（三）针对报刊与读者双向作用的指标

媒体能否有效地将广告信息传递给目标人群，需要在阅读率和版面阅读指数两个方面进行测量。

阅读率反映的是报刊信息传播的广度，测量的是有多少人读过报刊。在阅读率测量上有 3 个层次的阅读指标需要关注，即报刊阅读率、版面阅读率、广告阅读率。广告阅读率有赖于版面阅读率，而版面阅读率又以报刊阅读率为基础。

版面阅读指数反映的是读者对版面内容阅读的仔细程度，它对广告的影响表现在阅读指数高，表明读者的注意力在该版面停留的时间长，阅读广告的可能性就比较大。阅读率是相对数据，它反映的是报刊或版面被阅读的程度。

（四）针对版面设计的指标

针对版面设计的指标包括刊登版面、版位设置、版面受众特征、版面编排、广告面积、广告色彩和干扰度。

（1）刊登版面。选择刊登版面的依据是各版面读者特征，主要指性别、年龄、文化及经济状况等，以及目标消费群对各版面的阅读率及阅读指数。

（2）版位设置。指的是广告刊登在某一版面的具体位置。

（3）版面受众特征。根据版面所针对的受众特征，可将版面分为大众版面和小众版面。大众版面是指版面针对一般读者而设计，其内容适合所有读者，阅读率比较高，往往读者阅读的程度比较低。小众版面是专门针对某些读者而设计的版面，特别适合刊登针对某些人群的产品广告，目标读者明确。

（4）版面编排。指各版面广告的编排方法，包括跨版、整版、横版、竖版、井式和金字塔式等。

（5）广告面积。广告面积大小是报刊广告发布价格的依据之一。面积越大，被注意的可能性就越大。

（6）广告色彩。广告色彩主要有黑白、套红单色和彩色。

（7）干扰度。对广告效果的干扰包括媒体干扰度和版面干扰度两个部分。媒体干扰度是指由于媒体广告的多少而形成的对广告效果的干扰，包括媒体广告比、媒体同类广告比等方面。版面干扰度包括同版面广告数量、广告产品、广告位置及色彩等。

（五）衡量报纸广告价格水平的指标

（1）千人成本（Cost Per Thousand，CPM）。指以一种媒体送达1000个人或家庭的成本为计算单位，这里成本是指一个报纸广告版面的价格。千人成本可以用来评估广告的效率及其经济性。

（2）百万份广告费率（Million Rate，MR）。百万份广告费率是比较不同报纸的广告版面价格水平的一个指标，如果报纸的发行量达到 100 万份时，在其上发布广告的费用又称为"密林率"。

另外，国外还有实效价格和购买力价格等不同价格指标。实效价格是报纸在某一广告客户选定的目标市场中的实际发行的份数，这种观点认为只有在目标市场中的发行份数才是对实效广告主的促销目标有实际效用的发行份数。购买力价格是美国《洛杉矶时报》提出的一种广告价格比较指标，强调报纸读者在购买力方面的特征。同样的报纸，如果能够实现对较多购买力的诉求，就是较低廉的广告价格。

（六）报刊广告效果测量的主要方法

世界主要广告效果测量系统的调查内容、调查方法差别比较大，其中绝大部分将报刊或期刊列为首要调查媒体。例如，英国读者调查系统：采取全年连续，每天访问的方式；将 15 岁以上人群作为访问对象；调查方法采用计算机辅助个人访问的方式，提供的数据每月更新。美国报刊媒介的调查主要包括阅读率调查、版面或版块阅读率调查、报刊版面设计及构成研究、发行量调查。

（1）记忆法。主要通过让被访问者回忆去确定最近一段时间内读过哪些报刊。这是国内外使用比较广泛的方法，尤其在"媒介及广告信息传递效果"的调查中使用更多。记忆法适用于报刊媒介相对简单的市场，在区域性市场的研究或指定报刊研究中可以采用，在我国这样报刊复杂的市场操作起来比较困难。

（2）日记法。日记法由被调查者每天记录阅读情况来收集报刊阅读调查资料。调查人员事先将设计好的表格或问卷送到被调查者手中。然后，接受调查人员根据每天实际的阅读情况填写表格或问卷，通常以一周为单位。调查结束后，调查人员收回表格统计分析。它有利于比较不同媒介广告投放的效率，非常适合在人口相对稳定的区域执行。

（3）"昨日首先阅读"法（First Read Yesterday，FRY）。它要求的样本容量要大于其他方法，相对而言这种方法成本比较高。

二、电视广告传播效果

电视广告传播效果的评价指标较多，主要有电视机普及率与电视媒体覆盖率。电视机普及率是指一个地区拥有电视机的家庭（人口）数占家庭（人口）总数的比重。电视媒体覆盖率是指一定时间内，特定地区以各种方式接触电视节目的人口占该地区总人口的比重。除了电视媒体本身的评价指标之外，电视广告还有如下的评价指标。

（一）衡量广告收视行为的指标

1. 开机率

开机率是指特定时间、特定区域打开电视机的家庭（人口）数占家庭（人口）总数的百分比，开机率可以分为总人口开机率、电视人口开机率、目标受众开机率。对广告商来说，目标受众或者潜在目标受众是否开机是最重要的。

2. 收视率

收视率是某一时间内收看某一频道节目的人数所占的百分比，收视率是电视媒体的基础性指标，是衡量电视节目传播范围而使用最广泛的指标。收视率分为总人口收视率、电视人口收视率、目标受众收视率。其中，目标受众收视率或毛收视率，指在确定的品牌的目标对象消费群中暴露于一个特定电视节目的人口数占所有目标对象消费人口的比率。

收视率可以用来比较同一市场不同频道收视率的高低，以发现一个市场收视最好的频道；用来比较同一频道不同时段的收视表现，以发现一天中表现最突出的时段；还可以用来衡量不同目标观众对某一频道或时段的收视率的高低。

3. 节目观众占有率

节目观众占有率是指特定时间内收看某一频道节目的人数占该地区该时段电视观众总数的百分比，是比较各频道特定时间内市场占有份额的重要指标，节目观众占有率是在"观众"群体内进行的统计，它能够清楚地展示在特定区域、特定时段各频道占有观众市场的情况，它与产品市场占有率所表达的内涵相同。

（二）衡量广告信息传播范围的指标

1. 广告到达率

广告到达率指在一定广告播出时间内（通常指的是 4 周），至少接触过广告一次的人所占的百分比，它表现的是广告信息传播的广度。对于广告到达率，根据不同的人口基数有不同的到达率，分为总人口广告到达率、电视人口广告到达率、目标受众人口广告到达率。要想进一步提高广告到达率，意味着要把广告传递到媒体的轻度使用者那里。

2. 观众暴露度

观众暴露度是指暴露在一个广告排期表中的观众总人次，不考虑重复收看，每看过一次就记录一次，将每次播出时收看到该节目或广告的人数相加。视听众暴露度是一个具体数字，它是指媒体活动排期表中所有媒体的受众人数总和。

3. 毛评点（总收视率）

毛评点是广告播出期间收视率的总和，即一个广告排期的总收视率，它与暴露度一样，对于重复观看的采取重复记录，毛评点是百分比，可以超过 100%。

4. 广告接触频次

广告接触频次是指一定的节目排期内观众接触广告次数的多少，又叫视听机会。广告接触频次是测量观众接触广告次数的指标，在一个广告播出期间，不同观众接触广告的次数不同。

有效接触频次也称有效到达率，是指广告暴露的最佳传播效果的程度，是对目标消费者达到广告诉求目的所需要的广告重复播出频率，是一个描述广告接触频次与广告效果关系的概念。暴露次数过少，广告信息可能被忽视，暴露次数过多，多余的刊播将是无效的，不仅增加广告的成本，还会引起受众的反感。

广告到达率、广告接触频次、观众暴露度是一套相互关联的指标。广告到达率考察的是广告信息传播的广度，展示了不同人群中广告的信息覆盖面；广告接触频次是考察广告被接触的次数，广告接触频次高，说明受众接触次数多，了解和记住广告信息的可能性大；观众暴露度是基于广告到达率与广告接触频次两个指标而建立的综合指标，综合反映了广告信息传播的广度与深度。

（三）衡量广告信息传播的经济效率的指标

1. 千人成本

千人成本是指广告信息传给每 1000 个人所需要的成本。为了比较不同广告所投放的效率，或同一广告投放在同类媒体的不同载体或同一媒体不同版面、时段、不同频率的效率，千人成本能够有效地评估不同媒体广告信息传递的经济效益。

2. 每收视点成本

每收视点成本是用平均每个收视点需要的成本来计算，也称毛评点成本，指在广播电视媒体购买每点视听率的成本，即在特定媒体投放广告，每获得一个收视点需要的费用是多少。对于媒体购买者，计算目标受众在各频道时段的收视点成本更有针对性。

（四）电视广告自身影响广告的效果

广告构成元素在传达信息中起着至关重要的作用，这些元素之间的关系包括以下几个方面：视觉符号与听觉符号的配合；电视符号与受众文化背景的配合；广告诉求与表现。具体来说，广告画面色彩需要很好地与广告信息相配合，增强广告信息的说服力。电视广告的构图是为了强化广告诉求，在构图中特别需要注意过分唯美主义对观众注意力的分散。电视广告遵循"七秒原则"，也就是说，电视广告如果不能在前 7 秒抓住观众，就有被转台的可能。

（五）观众的构成要素

在选择电视媒体做广告时，首先要研究电视观众的结构，通常使用的指标包括性别结构、年龄结构、文化结构、职业结构和经济状况等；需要知道各个时段、各个频道的电视观众结构，并根据目标人群的人口学特征来寻找与媒体受众吻合度高的频道与时段，确定如何选择最佳的传播渠道；还要对当地文化、习俗、生活习惯和媒体环境等做调查。

三、网络广告效果评估与计价模式

效果评估是衡量广告活动成功与否的唯一标尺，也是广告主实施广告策略的基本依据。网络广告效果评估不仅能对企业前期的广告进行客观评价，而且能对企业今后的广告活动起指导作用，它对提高企业的广告效益具有十分重要的意义。

（一）网络广告效果评估

网络广告效果是指网络广告通过网络媒体刊登后所产生的作用和影响，或者说目标受众对广告宣传的结果性反应。网络广告效果评估是指利用一定的指标、方法和技术对网络广告效果进行综合衡量和评定的活动，包括传播效果评估、经济效果评估和社会效果评估。

1.网络广告效果评估的原则

（1）相关性原则。相关性原则要求网络广告效果评估的内容必须与广告主所追求的目的相关。例如，当广告的目的在于推出新产品或改进原有产品，那么网络广告效果评估的内容应针对广告受众对品牌的印象；当广告的目的是在已有市场上扩大销售，则应将评估的内容重点放在受众的购买行为上。

（2）有效性原则。以具体的、科学的数据来评估网络广告的效果，应采用多种评估方法，多方面综合考察，使网络广告效果评估得出的结论更加有效。

2.网络广告效果评估的方法

（1）单一指标评估。指当广告主明确广告的目标后，采取适当的单个指标来进行评估。例如，当广告主所追求的广告目的是提升和强化品牌形象时，只需要选择那些与此相关的指标，如广告曝光次数、广告点击次数与点击率、网页阅读次数等来衡量；当广告主所追求的广告目的是追求实际收入时，只需要选取转化次数与转化率、广告收入、广告支出等相关指标进行评估。

（2）综合指标评估。指在对网络广告效果进行评估时使用的不是简单的某个指标，而是在考虑几个指标的基础上进行综合衡量的方法。

3. 网络广告效果评估的内容及指标

（1）广告曝光次数。广告曝光次数是指网络广告所在的网页被访问的次数。广告曝光次数并不等于实际浏览的广告人数，只可以从大体上反映。广告刊登位置的不同，每个广告曝光次数的实际价值也不相同。

（2）点击次数与点击率。网民点击网络广告的次数就称为点击次数。点击次数可以客观、准确地反映网络广告效果。而点击次数除以广告曝光次数，就可得到点击率，这项指标是广告吸引力的一个指标。点击率是网络广告最基本的评价指标，也是反映网络广告最直接、最有说服力的量化指标，因为一旦浏览者点击了某个网络广告，说明他已经对广告中的产品产生了兴趣，与广告曝光次数相比对广告主的意义更大。

（3）网页阅读次数。当浏览者点击网络广告之后即进入了介绍产品信息的主页或广告主的网站，浏览者对该页面的一次浏览阅读称为一次网页阅读。所有浏览者对这一页面总的阅读次数就称为网页阅读次数。这个指标也可以用来衡量网络广告效果，它从侧面反映了网络广告的吸引力。

（4）转化次数与转化率。网络广告的最终目的是促进产品的销售，而点击次数与点击率指标并不能真正反映网络广告对产品销售情况的影响，于是，引入了转化次数与转化率的指标。转化次数就是由于受网络广告影响所产生的购买、注册或者信息需求行为的次数，而转化次数除以广告曝光次数，即得到转化率。但是，目前转化次数与转化率如何来监测，在实际操作中还有一定的难度。通常情况下，把受网络广告的影响所产生的购买行为的次数看作转化次数。[①]

（二）网络广告计价模式

网络广告通常以其庞大的用户群体和容易监测衡量的点来吸引广告主，在其计价体系中常见的有每千人印象费用（Cost Per Thousand Impressions，CPM）、每点击成本（Cost Per Click，CPC）和每行动成本（Cost Per Action，CPA）。使

---

① 张建星，2005. 传媒的运营时代——从媒体经营到经营媒体30讲［M］. 上海：文汇出版社.

用最广泛的是 CPM，价值最大的是 CPA，CPC 最容易得到认同。

（1）CPM 模式。即为支持每 1000 个人的访问而支出的费用。目前，CPM 已经作为"按广告每千次被展现收费"的广告模式，是运用最广泛的模式。其实站在广告主的角度，CPM 并非最为有效的，需要精准投放广告。

（2）CPC 模式。即网络广告每次点击的费用，一般以千人作为单位。CPC 也是网络广告界一种常见的定价形式。在这种模式下，广告主仅为用户点击广告的行为付费，而不再为广告的显示次数付费。但是，此类方法容易带来点击作弊，虽有限制 IP 等方法，但效果并不大，带来了广告主对 CPC 模式的信任危机。

（3）CPA 模式。其计价方式是指按广告投放实际效果，即按回应的有效问卷或订单来计费，而不限广告投放量。CPA 模式对网站而言有一定的风险，但若广告投放成功，其收益也比 CPM 模式要大得多，采取这个指标是因为广告主要规避广告费用风险。

四、媒体广告价值评估质的标准

（1）卷入度／接触关注度。受众的卷入度评估的是受众接触媒体时的注意状态，即广告被收视及记忆的程度。

（2）干扰度。指消费者在接触媒体时受其他广告干扰的程度。受众接触媒体的广告干扰度，如一份 50 页的杂志有 10 页广告，则认为它的干扰度为 20%。受众接触广告的广告干扰度，通过在同一媒体中某产品广告受其他产品广告的干扰程度来直接分析媒体的广告发布质量，同品类竞争品牌的干扰对广告效果的影响比其他品类高。

（3）编辑环境。指媒体所提供的编辑环境对刊播广告的品牌、广告创意、广告内容的适切性影响。包括媒体本身的形象、地位和呈现的编辑氛围，这种氛围是由媒体的编排设计和编辑内容创造的。

（4）广告环境。是指媒体承载其他广告所呈现的媒体自身刊播广告的状态和氛围。

（5）相关性。指对产品类别或广告创意内容与媒体本身、媒体内容等方面相关性质的分析、判断，即对两者相互之间的关系是协调、兼容，还是冲突、排斥进行分析判断。例如，健身器材广告刊登在健身体育杂志上，调料广告插播于烹饪节目中，其相关性就强。

第四节　广告的管理与规制

伴随着经济全球化的深入发展，广告在经济建设、文化建设、社会生活方面，特别是对社会规范、社会信用、社会和谐等诸多层面的影响将越来越大。

一、广告与广告立法

广告是客户利用一定的媒介向公众传播商品信息和其他信息，以达到某种特定目的（如推销商品、介绍服务事项等）的宣传方式。《中华人民共和国广告法》（以下简称《广告法》）中所说的广告是指商品经营者或者服务提供者承担费用，通过一定媒介和形式直接或者间接地介绍自己所推销的商品或者所提供的服务。

我国广告法制建设始于 20 世纪 90 年代初。1982 年 2 月 6 日，国务院发布了第一个有关广告的行政法规《广告管理暂行条例》。1987 年 10 月 26 日，国务院发布新的行政法规《广告管理条例》。1988 年 1 月 19 日，国家工商行政管理局颁布《<广告管理条例>施行细则》。1994 年 10 月，第八届全国人大常委会第十次会议正式通过了《广告法》，自 1995 年 2 月 1 日起施行。

新的《广告法》已由中华人民共和国第十二届全国人民代表大会常务委员会第十四次会议于 2015 年 4 月 24 日修订通过，自 2015 年 9 月 1 日起施行。

二、广告发布的原则与准则

（一）广告发布的原则

（1）广告应当真实。《广告法》第四条明确规定："广告不得含有虚假的内容，不得欺骗和误导消费者。"

（2）广告内容要合法。不得对国家禁止生产的商品或开展的服务事项做广告；虽然属于允许生产的商品或开展的服务，但国家禁止做广告宣传的，不得作广告；广告内容与其所推销的商品或所介绍的服务相一致，不得含有虚假的成分；广告内容不得含有法律明文禁止使用的表现方式。

（3）广告形式要合法。广告发布符合法定程序，必须通过合法的媒介或其他法律允许的形式；发布的广告应当有广告标记，不得采用有偿新闻报道形式变相作广告；广告形式本身应当符合法律允许的设置要求，如户外广告不得置于法律、法规禁止设置的场合或场所。

（4）广告应当符合社会主义精神文明建设和弘扬中华民族优秀传统文化的要求。广告通过文字、语言、画面等形式，利用艺术与内容相结合的手段，作用于人们的感官和思想，从内容到形式都反映着一定的社会意识形态。广告不仅宣传企业及其商品或服务，也在宣传生活方式，因而对社会风气与习俗、人们的消费观念与价值观念都有不可忽视的感染和导向作用。

（二）广告发布的具体行为准则

（1）必须禁止的行为：使用或者变相使用中华人民共和国国旗、国徽、国歌；使用或者变相使用国家机关或者国家机关工作人员的名义或者形象；使用"国家级""最高级""最佳"等用语，依法取得的除外；损害国家的尊严或者利益，泄露国家秘密；妨碍社会安定，损害社会公共利益；危害人身、财产安全，泄露个人隐私；妨碍社会公共秩序或者违背社会良好风尚；含有色情、赌博、迷信、恐怖、暴力的内容；妨碍环境、自然资源或者文化遗产保护；法律、行政法规规定禁止的其他情形。

（2）必须遵守的规则：广告中对商品的性能、功能、产地、用途、质量、成分、价格、生产者、有效期限、允诺等或者对服务的内容、提供者、形式、质量、价格、允诺等有表示的，应当清楚、明白；广告使用数据、统计资料、调查结果、文摘、引用语等引证内容的，应当真实、准确，并标明出处，引证内容有适用范围和有效期限的，应当明确表示；不得贬低其他生产经营者的商品或者服务；应当具有广告标记，使广告具有可识别性，不得以新闻报道的形式发布广告，通过大众传播媒介发布的广告应当有广告标记，与其他非广告信息相区别，不得使消费者产生误解；必须维护社会公众的合法权益，对其不得有损害行为；涉及专利产品或者专利方法的，应当标明专利号和专利种类。

（三）特殊商品广告的特殊规定

药品、医疗器械广告不得含有不科学的表示功效的断言或者保证，说明治愈率或者有效率；不得以学者、医生、患者的名义和形象作证明等。农药广告不得使用无毒、无害等表明安全性的绝对化断言；不能含有不科学的表示功效的断言或者保证；不能含有违反农药安全使用规程的文字、语言或者图画。烟草必须标明"吸烟有害健康"，并禁止利用广播、电影、电视、报纸、期刊、图书、音像制品、电子出版物、移动通信网络和互联网等大众传播媒介和形式发布或者变相发布烟草广告。除药品、医疗器械、医疗广告外，禁止其他任何广告涉及疾病治疗功能，并不得使用医疗用语或者易使推销的商品与药品、医疗器械相混淆的用语。麻醉药品、精神药品、医疗用毒性药品、放射性药品等特殊药品以及戒毒治疗的药品、医疗器械和治疗方法，不得作广告。禁止在依照药品管理法律、行政法规确定的药学、医学专业刊物以外的媒介发布处方药广告。禁止在大众传播媒介或者公共场所发布声称全部或者部分替代母乳的婴儿乳制品、饮料和其他食品广告。

三、广告发布的管理与监督

（一）广告监督管理机关

广告监督管理机关是国务院市场监督管理部门以及省、地、县三级政府所属的市场监督管理部门，履行广告法规解释、广告经营登记、监督检查、接受违法广告投诉和查处广告违法案件、指导广告业健康发展等管理与监督职能。一切广告活动都必须接受所在地市场监督管理部门的管理与监督。具体来说，国务院市场监督管理部门主管全国的广告监督管理工作，国务院有关部门在各自的职责范围内负责广告管理相关工作。县级以上地方市场监督管理部门主管本行政区域的广告监督管理工作，县级以上地方人民政府有关部门在各自的职责范围内负责广告管理相关工作。

（二）广告主体职责

广告主自行或者委托他人设计、制作、发布广告，所推销的商品或者提供的服务应当符合广告主的经营范围；委托他人设计、制作、发布广告，应当委托具有合法经营资格的广告经营者、广告发布者。

广告主自行或者委托他人设计、制作、发布广告，应当具有或者提供真实、合法、有效的证明文件：营业执照以及其他生产、经营资格的证明文件；质量检验机构对广告中有关商品质量内容出具的证明文件；确认广告内容真实性的其他证明文件；发布广告需要经有关行政主管部门审查的，还应当提供有关批准文件。

广告主或者广告经营者在广告中使用他人名义、形象的，应当事先取得他人的书面同意；如果属于有监护人的，应当事先取得监护人的书面同意。

（三）特殊广告实行发布前审查制度

《广告法》第四十六条规定，发布医疗、药品、医疗器械、农药、兽药和保健食品广告，以及法律、行政法规规定应当进行审查的其他广告，应当在发布前由有关部门对广告内容进行审查，未经审查，不得发布。

第六章　传媒的品牌管理

品牌是传媒竞争的一种重要工具，传媒应用品牌营销的原则来吸引受众，提高受众的忠诚度，以及抵御竞争对手的进攻。传媒要想在未来的竞争中抢得先机，就必须在创新机制、打造品牌上下功夫。

第一节　传媒品牌管理的原理

在同质化竞争越来越普遍的今天，"与众不同"的品牌成为传媒提升核心竞争力的重要手段，传媒进入了塑造品牌的时代，"内强素质、外树形象"成为传媒品牌建设的必然要求。美国学者凯文·曼尼在《大媒体潮》中曾经预测，21世纪的传媒之争将是品牌之争，无论是同类传媒品牌之间的市场争夺，还是新兴传媒品牌对传统品牌的资源侵占，都会使媒体市场之争愈加激烈。品牌建设是企业发展战略在品牌管理方面的集中表现。如同人力资源管理和财务管理等一样，品牌管理是传媒若干管理工具中的一种，是管理者必须掌握的工具之一。

一、传媒品牌的内涵及特征

（一）品牌的基本含义

品牌是现代营销理论中的概念。美国市场营销协会定义委员会对品牌的定义是：品牌是一种产品或服务的名称、词语、符号、设计或这几个元素的综合，用以从竞争对手中识别和区分这种产品或服务。品牌名称传达一种人为设计的属性和意义，从而为该产品带来功能、价值之外的附加价值。塑造品牌的基本动因在于提供一种符号，以促进消费者对该产品或服务的快速识别并方便其重复购买。这个定义比较全面地概括了品牌的基本内涵。[①]

品牌能对消费者形成视觉影响和效果，具有可感知性，并且能唤起消费者的联想，是企业市场定位的工具和手段。对消费者来说，好的品牌意味着他可以从购买中得到附加价值，显示其个性化的消费形象，因此，品牌也是赢得顾客忠诚的手段。

（二）品牌与商标

品牌与商标是完全不同的概念。商标是产品文字名称、图案记号或两者相结合的一种设计，经向有关部门注册登记后，经批准享有其专用权的标志。

商标与品牌既有联系又有区别。两者的联系：都是无形资产，都具有一定的专有性，目的都是区别于竞争者，有助于消费者识别，因而商标与品牌经常被混淆使用。

商标与品牌的主要区别在于：品牌无需注册，一经注册，品牌就成为商标了。商标一般都要注册（我国也有未注册商标），它是受法律保护的一个品牌或品牌的一部分，其产权可以转让和买卖；品牌主要表明产品的生产和销售单位，而商标则是区别不同产品的标记。传媒品牌和商标可以是相同的，也可以不相同；品牌比商标有更广的内涵，品牌代表一定的文化，有一定的个性，而商标则是一个标记。

---

① 陈兵，2008. 媒介品牌论 [M]．北京：中国传媒大学出版社.

（三）传媒品牌的概念

传媒品牌是指媒体所提供的精神产品在受众中形成的特殊品质形象及其所具有的潜在商业价值。传媒品牌包含媒体名称、标识、栏目风格和特色、内容设置、受众认同等有形、无形资产的总和。传媒品牌需要通过传媒产品如报纸的专栏作品、广播电视的报道栏目等来体现，传媒品牌的主体还包括传媒企业本身。传媒品牌面对的消费者主要来自两个方面：一是受众；二是广告客户。

以广播电视为例，传媒品牌应当是指广播电视机构用同一个名称来经营的媒体，这个媒体可能只有一个频道，但是它很强势，如凤凰卫视；也可能有多个频道，媒体机构可以用一个品牌来经营自己的媒体，也可以用不同的品牌来经营这些媒体，如湖南电视台；就报刊来讲，传媒品牌应该是指报刊的整体设计以及其整体价值取向，包括它的思想内容、语法修辞、版式栏目设计、图片效果、校对质量和读者服务等。品牌不仅是一个名字或者标志，而且代表了一种实力、财富。

（四）传媒品牌的特征

品牌对传媒而言是重要的营销手段，主要体现在以下几个方面。

1. 品牌是传媒的一种无形资产

品牌是有价值的。品牌的拥有者凭借品牌能够不断地获取利润，但品牌的价值是无形的，甚至是难以估量的。它不像传媒的其他有形资产那样能直接体现在资产负债表上，它必须通过一定的载体来表现自己，直接载体就是品牌元素，品牌载体则是品牌知名度和美誉度。品牌价值有时超过传媒有形资产的价值。传媒品牌作为一种无形资产，为开展品牌经营奠定了良好的基础。不过，由于品牌是无形资产，其收益也具有不确定性。

2. 品牌具有个性和专有性

一件产品可以被竞争者模仿，但品牌却是独一无二的。

特定的品牌只和特定的产品或企业联系在一起，品牌具有排他性。品牌表达的理念和价值取向对具有相同理念和价值取向的消费者有"锁定效应"，当消费者在同种或同类产品中进行挑选时，对一种品牌的认同有时意味着对其他品牌的排斥。传媒品牌在其经营过程中通过良好的质量、优质的服务建立良好的信誉，这种信誉一经消费者认可，就很容易形成品牌的忠诚，也强化了品牌的专有性。传媒在培育品牌的过程中一定要注意品牌个性的塑造。传媒的内容越独特、越不可模仿，就越可能培养受众的忠诚度。

3. 品牌是以消费者为中心的

品牌是一个以消费者为中心的概念，没有消费者就没有品牌。品牌专家大卫·爱格认为，品牌就是产品、符号、人、企业与消费者之间的联结和沟通。所以，品牌的价值体现在品牌与消费者的关系之中，品牌更多地被视为"一种体验，一种消费者能亲身参与的更深层次的关系，一种与消费者进行理性和感性互动的总和"。这种一般商业品牌传播中的"消费者导向"原则，其对传媒品牌同样适用。只有消费者才是评判传媒品牌优劣的权威。

4. 传媒品牌需要兼顾受众与广告商

传媒品牌与其他商业品牌最大的不同是传媒品牌既针对受众，也针对广告商。基于普通受众的品牌营销的目的是吸引更多的受众；由于广告商最终购买品牌并带来收入，传媒针对广告商的品牌营销同样重要。从理论上来讲，针对这两种营销对象的品牌策略几乎没有什么共同点，比如，能劝服受众的策略不一定能劝服广告商购买，因而传媒需要有一套策划周密的兼顾受众与广告商的整合品牌营销策略。现在有的传媒把受众营销与广告商营销分属于不同的部门。部分传媒已经改变了做法，采用整合的传媒品牌管理策略，统归一个部门负责。

5. 品牌是传媒竞争的一种重要工具

一个深入人心的品牌常常是传媒最有力的竞争武器。在市场竞争日趋激烈的今天，品牌成为许多企业创造顾客、留住顾客、排挤竞争对手的重要手段。如果一个媒体不善于培育品牌，不善于应用品牌进行竞争，就有可能陷入恶性的价格竞争泥沼而不能自拔。

（五）传媒品牌的生命周期

产品的生命周期是指产品一般都经历投入、成长、成熟和衰退 4 个阶段，其实品牌也会经历这个过程。品牌的生命周期比产品长得多，产品往往只是相对某个特定的需求时期而言。

像其他产品品牌一样，传媒品牌有自身的生命周期，即导入期、成长期、成熟期和衰退期。在不同阶段，传媒品牌管理重点各有不同。对于导入期的品牌，传媒重在品牌的培育。进入成长期后，产品已有一定的知名度，品牌的影响力在逐渐加强，大量的新顾客开始购买，市场占有率提高，对于成长期的品牌重在品牌形象的加强。成熟期是品牌影响力最大的时期，传媒品牌在这个阶段具有很高的知名度和忠诚度，消费者一旦认可这种品牌就很少发生改变。这时期可采取品牌延伸策略等，尽量使这个时期品牌的影响力维持现有的地位。当品牌进入衰退期时，摆在传媒面前的决策只有两个：一是对品牌进行改造，如改变包装、视觉形象广告，推出新产品，赋予新价值等，使品牌保持活力和新鲜感；二是退出原有的品牌，并转向新的品牌。

二、品牌经营对传媒发展的重要性

（一）传媒的品牌经营的定义

品牌经营是通过品牌实力的积累，塑造良好的品牌形象，从而建立消费者忠诚度，形成品牌优势；再通过品牌优势的维持与强化，最终实现创立名牌与发展名牌。随着我国经济发展，很多国内领先企业都面临市场变局——品牌重铸，必须从战略高度去看待品牌经营。没有品牌效应，许多企业的发展将举步维艰。知名度和品牌是赢得企业生存和发展的关键所在，品牌本身即是未来企业价值最大、重复利用率最高的特殊商品，是今后企业实现战略扩张的重要依托。

品牌经营与产品经营不同，产品经营主要是保证产品的品质与功能，提供消费者使用产品的满意度和价值感；而品牌经营是一种核心信念，贯穿于整个企业之中，形成企业文化的核心，它所经营的不仅是形象，还包括认同，这种认同反映了品牌的个性，体现了企业的实力。因此，品牌经营是企业竞争继单纯的产品竞争、价格竞争、技术竞争、服务竞争之后的高级阶段，是多种手段的综合。

传媒的品牌经营既包括整个传媒的品牌经营，也包括传媒内部频道、专栏、节目等的品牌经营。就传媒品牌总体而言，是媒介组织在目标受众心目中所需要确立的一种形象，体现的是一种"量身定做"的概念，是为目标受众群专门设计的、表现个性的经营姿态。

（二）品牌经营有助于提升传媒核心竞争力

随着市场经济的发展，消费需求差异化越来越明显，企业只有注重差异化经营，做出有特色的产品，才能在激烈的市场竞争中取得成功。传媒竞争从某种意义上来说就是品牌的竞争，品牌决定传媒的影响力和竞争力，谁能运用恰当的品牌战略，谁就能赢得市场。以品牌来建立传媒产品在市场上的地位，树立传媒形象，是十分有效的传媒竞争手段，也是传媒市场战略的重要组成部分。中外传媒业发展的经验表明，品牌强则传媒兴，品牌弱则传媒衰。品牌战略是传媒在激烈的市场竞争中立于不败之地的必然选择。传媒竞争中引入品牌理念，对提升传媒核心竞争力具有重要作用。品牌是传媒核心竞争力的必要组成部分。品牌战略是培育企业核心竞争力的重要支撑，没有品牌战略，就难以形成持久的企业核心竞争力；一般竞争力的企业未必要有品牌战略，但没有核心竞争力的企业则必然是没有品牌战略的企业。品牌建设有助于我国传媒提高产业化经营水平、增强自身竞争力。

（三）品牌是传媒生存发展的根本所在

品牌是媒体与受众联结最有效、最忠诚的载体，是资本成本、时间成本、人力成本、智力成本打造的长期资本，是媒体运行的强力支撑点。沃尔特·麦克道尔和艾伦·巴滕在其《塑造电视品牌：原则与实践》一书中指出，品牌资产对传媒机构的重要性主要体现在：成功的品牌更容易保持成功；可以利用它来支持品牌拓展，品牌名称的附加值可以转化到新产品上，使消费者更易于接受，从而推动新产品的销售；有良好资产的消费品牌在宣传推广方面花费更少也更有效，研究人员证实，最受欢迎的品牌享有最大市场份额，也培养最忠实的顾客。

（四）品牌经营有助于开发和巩固传媒的受众资源

对传媒来说，要建立和维持受众的忠诚度，就一定要通过做品牌来培养一批忠诚度高的受众。品牌对消费决策的意义在于：在消费品越来越大同小异的市场中，品牌管理增加了消费者选择特定品牌的可能性；强大的品牌还可以培养消费习惯。现在的受众和广告商面临着越来越多的选择，品牌可以帮助他们提高选择的效率。强大的品牌资产可以强化消费者的忠诚度，吸引新的顾客，保护产品免受竞争的冲击。传媒可以利用品牌管理的原则来吸引新的受众，提高受众的忠诚度。传媒是自由度和转换率最大的一个行业，不易形成依赖性，所以打造品牌对传媒来说更加重要，因为品牌是受众忠诚的维系度，也是受众或者广告客户选择传媒的驱动力。

（五）品牌是传媒广告经营的基础和依托

广告是传媒的经济命脉，而品牌与广告的关系密不可分、相辅相成。广告经营必须依托品牌、凭借品牌，否则就会失去根本。在市场竞争条件下，谁拥有知名度高的品牌，谁就拥有广告经营的主动权，越是知名度高的品牌频道、品牌栏目，就越能给传媒本身带来更多的利益。品牌既是有形资产，更是无形资产，越是品牌知名度高的频道、栏目，插播的广告就越多，广告的价位就越高。中央电视台《新闻联播》与《焦点访谈》之间的广告时间近乎天文数字的高价位竞卖成功，就是一个很好的例证。

三、品牌管理的相关概念

（一）品牌塑造

品牌塑造是指命名产品或服务使其区别于同类竞争对手的过程。品牌塑造的目的在于将品牌名称变成消费者头脑中独一无二的、记忆深刻的、有价值的东西。

（二）品牌拓展

品牌拓展是指将一个知名品牌的名称使用到一个新类别的产品上助其成名的过程。这个知名品牌具备可以转化到新产品上的有价值的品牌资产，这样，消费者对原有产品所具有的积极想法和感觉就可能转移到新产品上。

英国《经济学家》周刊是经济学人集团的核心媒体，这个品牌经过百年经营，在全球政治、经济界高层享有很高的威望。为了充分挖掘品牌的潜在价值，将它凸显、放大、强化，使之成为品牌孵化器，经济学人集团决策者决定把这个品牌延伸、辐射开去，打造品牌系列。1946年于伦敦创立经济学家信息部，随后在美国建立分支机构；1955年在美国创办《点名》；1985年在美国创建《财务总监》国际家族系列。经济学人集团还借助新技术带来的变化，积极利用新的传输手段，开拓新的增长点。

（三）品牌认知

品牌认知或品牌识别指的是消费者对同类产品中某个品牌的熟悉程度（回忆或再忆）。比如，对电视台、节目名称、标志等的简单回忆或再认。同样的电视节目，观众会倾向于收看他们所喜欢的电视频道；同样的报道内容，观众会更相信某些电视频道，这就是观众对不同电视频道的品牌认知的结果。当许多品牌都令人满意的时候，优先认知在品牌营销中就显得重要了。实验研究证实，简单的品牌优先认知度很可能成为品牌选择过程中的决定性因素。

（四）品牌卷入度

品牌卷入度是指消费者在购买决策过程中"消费者精力"的投入程度。在低卷入度的情况下，品牌意识极为重要，因为消费者并不愿意花费太多的时间和精力对所有品牌进行比较和评估。读报纸、看电视、听广播都是低卷入的活动，受众从不为读哪份报纸、收看或收听哪个节目而费心，所以，品牌的认知度就成为消费者选择时的一个关键因素。

（五）品牌形象

品牌形象超越单纯的识别范畴，涉及品牌的意义和声望，它是品牌在受众心中感受和认知的综合表现，包括品牌的知名度、美誉度、满意度、忠诚度。品牌形象是消费者形成的一系列想法和感觉，品牌研究人员称之为品牌联想。有的研究人员根据品牌的相对受欢迎度、强度和独特性来比较品牌联想。

（六）品牌态度

品牌态度可以说是品牌形象的延伸，因为品牌态度不仅是关于品牌的联想，同时也是对品牌的评价，它直接关系到消费者反映（购买）意向。电视观众会对节目做出评价，并决定是否继续收看。电视节目的第一印象十分重要，头几次的节目一旦失败，就很难再重塑形象，"一次失败，永远失败"已经成为大多数传媒消费者根深蒂固的观念。

（七）品牌偏好

品牌偏好是积极的品牌态度，它是指在同一类商品中，消费者对某一种品牌具有偏好而指定购买，其原因主要是使用后的满足感。品牌偏好与消费者生活方式和消费习惯也有关，包括电视节目在内的许多低卷入的消费品，消费者都没有强烈的品牌偏好。在这种情况下，品牌混淆就成为普遍现象，也就是说，品牌选择的最后结果往往不是由显著的品牌声望，而是由其他各种因素促成的。比如，某个电视节目因为节目的高收视率而获得了大量额外的观众。当然，观众也会收看自己偏好的品牌节目。

（八）品牌定位

品牌定位是所有品牌营销的核心，是指确定区别于市场竞争对手的品牌形象。品牌定位是戴维·阿克（David Aaker）创建强势品牌的 10 条准则之一。凯文·莱恩·凯勒就说过，每个品牌都有一个品牌定位，它能为沟通方案的实施提供清晰的指导。竞争性的品牌可以根据任何品牌联想来定位。研究人员经常运用量化的调查数据，绘制"感知定位图"来显示每一个竞争性品牌的相对位置。

品牌定位应以消费者为中心，即最重要的是消费者对这个品牌的想法和感觉。[①]在竞争激烈的传媒行业，每一个媒体都必须寻找一个适合自己的定位，才能在市场中占有一席之地。

（九）品牌尝试

品牌尝试或品牌抽样是指消费者对某个品牌的初次购买或体验。制造商会利用免费样品、价格打折、优惠券或竞赛等方式刺激消费者尝试新品牌。传媒也可以通过一系列的刺激手段来达到这个目标。有的电视台通过竞赛等促销手段刺激收视率迅速攀升。从塑造电视品牌的角度考虑，促销"刺激"应该鼓励品牌尝试，从而使新观众在刺激结束后继续收看该节目。

（十）品牌选择

品牌选择是对竞争性节目市场中实际消费行为的测评。这种行为可能与品牌偏好有关，也可能无关。某个品牌或许因为是消费者唯一买得起的品牌而成为消费者的选择，这种唯一性对销售量和市场份额来说非常重要，但在考察真实的品牌好坏时却有可能造成误导。比如，某个电视节目被选择的原因可能仅仅是它是特定时间段中唯一的某种类型节目，还有可能是刚好承接了前导节目的高收视率。就观众真实的品牌偏好而言，他们或许对一个频道毫无兴趣，仅仅出于惯性才停留在这个频道。与此相反，由于收看条件的限制或群体（家庭）要看其他节目的压力等冲突因素，观众可能很少选择偏爱的节目。

（十一）品牌忠诚

品牌忠诚一般是指结合心理与行为因素来测评消费者对品牌的忠实程度，包括消费者的态度与重复消费的行为。这里将行为与态度区别开来，品牌忠诚仅仅是对消费行为的测量，即不买其他品牌，只重复购买该品牌的程度。重复购买可能是也可能不是强烈的积极态度或偏好导致的结果。品牌忠诚也可能是强制性的，因为消费者没有其他选择或受营销组合因素的影响。

---

① 钱晓文，2014. 当代传媒经营管理［M］. 广州：中山大学出版社.

从消费行为的角度，可以把消费者解释为"物体"，把惯性解释为鼓励"抵抗改变"或鼓励习惯的各种营销因素。如果要让物体改变方向，就必须有足够的外力，如一个竞争性的品牌。关于营销和大众传播的若干研究都提到惯性的概念。人们收看电视节目通常只取决于其前导节目，这种观众持续效应叫作"收视惯性"或"沿袭效应"，这意味着一个节目的忠诚度在很大程度上是沿袭来的，而不是争取到的。长期的收视习惯可能是各种因素综合作用的结果，不一定是对这个传媒产品的真正喜爱。

（十二）品牌满意

品牌满意直接与尝试、使用相关，它是品牌体验的评估结果。满意是以"消费者的期望"这一观念为基础的，这也是品牌管理的核心。品牌满意涉及"品牌承诺"的问题，满意就会促成承诺，而承诺又会促成忠诚。

（十三）品牌依赖

品牌依赖是品牌塑造的心理基石，涉及品牌忠诚最根本的心理。如果说品牌忠诚是对消费行为的测量，那么品牌依赖就是受众在面对反向编排、竞赛或其他各种诱使观众离开的竞争策略时，仍然锁定某个品牌的这种忠实程度的测量。例如，具有高度依赖的消费者愿意为他们认为真正优秀的品牌支付更高的费用。就电视节目而言，一个具有真正依赖的观众将会寻找特定的节目。品牌资产的根本动因就是依赖，而重复观看（忠诚）则是由此带来的理想结果。

（十四）品牌资产

品牌资产是品牌名称的影响力，品牌名称为产品或服务带来的附加值促使消费者购买或观看。比如，电视品牌资产就是品牌名称对节目在观众反应上所产生的差异化效应。任何一个品牌资产理论的基本假设都是如果你拿走了品牌名称，消费者的表现就会完全不同。

品牌资产使品牌超越了普通的产品类型，通过强调其持久声望而使它显得与众不同。不过，这种声望应该超越单纯的功能性特征而致力于消费者在更高层面的利益，因为在通常情况下，没有比功能性特征更容易让竞争者模仿的。品牌资产的大敌是等值替代物，也就是几个竞争性品牌在消费者看来几乎同样令人满意。在这种没有明显品牌差异的情况下，行业就会陷入相互厮杀的营销战，如价格战、广告战等。

四、我国传媒进入塑造品牌时代

目前，我国的传媒业已经超越了简单的产品竞争，逐步进入品牌竞争时代。传媒发展的瓶颈不再是眼球效应，而是品牌文化。传媒开始从单纯的发行量、收视率和市场份额之争中突围。随着我国传媒业由卖方市场转入买方市场，打造传媒品牌，树立品牌形象，成为传媒市场竞争的关键。CIS（corporate Identity System 的简称，通常译作"企业形象识别系统"或"企业形象战略"）引入大众传媒，成为传媒竞争的利器。

我国传媒业的品牌经营经过多年的发展，已经形成了一个全国性的热潮。我国报业开始进入品牌竞争时代。2002 年，《南方周末》进行了多项重要的改革，其中之一就是成立了专门从事该报品牌策划和营销的品牌工作室（后拓展为市场部），首开我国报纸品牌经营和品牌营销的先河。随后《经济观察报》等也成立了功能相近的职能部门。在电视领域，1999 年，中央电视台提出"频道专业化、栏目品牌化、节目精品化"的口号，开启了中央电视台品牌化经营的历程。2006 年 6 月 5 日，中央电视台新闻频道全新改版，标志着中央电视台品牌化改革战略的启动。中央的"频道品牌化"战略是在"三化"改革的基础上的发展和升华，最终目的是将中央电视台的栏目和频道打造成知名品牌，使中央电视台成为国内乃至世界级传媒"航空母舰"。

我国为什么进入传媒品牌经营时代？

首先，随着改革开放的不断深入，我国传媒受众分群的趋势越来越明显；与此同时，传媒出现了从大众化向小众化，乃至进一步细化分众的特点。20世纪 90 年代中期以来，媒体运作从单一重视广告收入到以收听（视）率或阅读率衡量节目或报道质量进而吸引受众，到 20 世纪 90 年代后期，全国各大报业集团、广电集团纷纷成立。报刊的专业化程度越来越高，其中表现突出的是三大财经类报纸：《经济观察报》《21 世纪经济报道》《中国经营报》，还有《财经》杂志彼此细分市场，各自拥有特定的目标受众。在广播电视领域，从电视的制播分离到数字电视的启动，频道专业化，也就是差异化竞争成为主流趋势。

其次，传媒市场竞争越来越激烈，低水平同质化竞争已严重威胁到传媒业的正常发展。传媒企业"品牌效应"就显得至关重要。传媒从价格战、发行战等低水平同质化的竞争，开始转向核心竞争力的竞争，打造强势品牌就成为传媒在激烈的市场竞争中立于不败之地的必然选择。

最后，传媒产品是一种知识产品，属于经验产品的范畴，信息和知识对受众的价值与效用只有在他花时间使用之后才能判定，因此，传媒产品质量具有事后评价性。受众购买传媒产品的决策往往依赖传媒机构或传媒产品过去在其心目中建立的长久记忆。而要建立、维持与更新受众对传媒的良好记忆，最有效的方法就是创建强有力的传媒品牌。

第二节　传媒品牌管理的实践

传媒要在激烈的市场竞争中立于不败之地，就必须建立自己的品牌战略。面对新闻传播全球化的趋势和国际传媒巨头成功的品牌建设，我国传媒需要通过实施品牌战略，对内整合价值观、凝聚力、战斗力，对外展示企业新形象、新实力、新潜力，构建鲜明的品牌特征，打造一批行业龙头品牌。传媒的品牌建设应借鉴国际上的成功经验，以提高内容质量为根本，以市场需求为目标，针对目标受众群的需求，生产提供导向正确、内容精良的传媒产品，打造知名品牌，增强核心竞争力。

一、传媒品牌管理战略

传媒如何实施自己的品牌战略呢？从动态的过程来看，传媒品牌战略包括品牌的建立、维护和创新等一系列的过程。传媒在创立品牌的过程中，既要树立起对品牌的正确认识，又要真正重视传媒的品牌管理，比如，在传媒品牌推出前，务必进行细致的市场调查、策划设计和组织准备，在品牌推出后，在其投入期和生长期应严格实施精品战略，着力强化品牌传播，对品牌进行管理与维护，当品牌进入成熟期特别是衰退期的时候，就需要进行创新。总之，品牌建设是一项系统工程，传媒必须牢固树立品牌意识，搞好品牌经营，形成强势品牌，以达到提升竞争力的目的。

（一）树立品牌战略意识

传媒首先要树立现代品牌战略意识，从战略的高度重视品牌建设，这是传媒实施品牌战略的前提。品牌建设是传媒做大做强、持续发展的标志和保证，品牌做得好不好，能否不断创新，是传媒发展水平和管理水平的综合表现。在注意力经济、产品同质化的今天，"酒香不怕巷子深"的观念已经过时，优良的质量并不能保证产品的畅销。在新经济时代，品牌是传媒赖以生存和发展的"生命线"，因为传统的以产品为核心的管理体系在竞争激烈的市场前已显得无能为力了。以品牌来建立传媒产品在市场上的地位，树立传媒形象，是有效的传媒竞争手段，传媒管理层应看到品牌也和有形资产一样，是传媒的宝贵财富。

（二）准确进行品牌定位

准确定位是创建品牌的关键。品牌定位是营销的灵魂，菲利特·科特勒指出，解决品牌定位问题能帮助公司解决营销组合的问题，营销组合——产品、价值、渠道，从本质上来讲是定位战略技术运用的结果。[①]品牌定位就是要根据目标消费者的需要来确定品牌的核心价值。正如品牌定位的创始人杰克·特劳特和艾·里斯所说，品牌定位是要显示和突出品牌之间的档次和风格区别，使之在

---

① 钱晓文，2014. 当代传媒经营管理［M］. 广州：中山大学出版社.

消费者心目中占有一席之地。

定位对传媒品牌来说尤为重要。为了使传媒在目标受众心目中占据清晰、特别和理想的位置，传媒应以受众为中心，准确定位，创建传媒品牌认知度。一个品牌如果没有与竞争品牌形成差别，就失去了存在的价值。

传媒怎样进行准确定位的呢？

首先，要重视市场调查。依据受众市场调查，找准市场和对象受众，减少由于盲目带来的经营风险。这样，有利于决策层客观地认识传媒在市场中的态势，整体把握传媒发展战略，建立科学的传媒产品评估体系，推进管理的科学化和目标化，并准确评估一个传媒的资源价值。

其次，传媒品牌应具有鲜明的特色和个性。构建自己的特征，是新创品牌的关键所在。在传媒品牌定位中，个性化是不可忽视的重要内容。传媒品牌要获得成功，必须把握自身的优势，整合各种资源，凸显与众不同的个性，使自己在众多传媒品牌中脱颖而出。比如，美国三大著名的广播公司哥伦比亚广播公司（CBS）、美国全国广播公司（NBC）和美国广播公司（ABC）的新闻报道就有明显的定位差异：CBS新闻以严肃新闻报道为主，节目风格和特性由最具影响力的主持人（或记者）的个性所决定；NBC新闻重视对新闻背景的分析、对新闻事件的评论；ABC新闻在报道事件上多是传统型的"硬新闻"，但在节目的技术性制作和包装上则敢于出新、出奇。

（三）打造传媒品牌形象

建立有特色、能体现传媒理念的品牌识别系统，对于树立传媒形象、赢得受众至关重要。CIS即企业识别系统，是从以强调统一化的图形和文字符号形象来设计企业视觉识别效果的CI发展而来的。因为单纯的视觉差别已不能适应企业发展的需要，必须有一套全方位、多角度体现企业标识、商标、包装、理念的系统。

传媒CIS的构成要素有3个，包括传媒理念识别（MMI）、传媒行为识别（MBI）和传媒视觉识别（MVI）。传媒理念识别系统是为实现传媒目标而在整个传媒生产制作、传媒传播、经营管理活动中坚持的基本信念，是传媒形象塑造的核心内容，必须确立具有独特个性的传媒理念，要设计具有感召力的形象口号，就像中央电视台的"传承文化，开拓创新"所代表的独特价值追求一样；传媒行为识别系统一般包括仪表仪容的规范、员工素质与修养、岗位行为准则、工作规范等；传媒视觉识别系统主要是传媒识别标志，比如，各个台的台标都代表了本台的理念和形象，而传媒标识语是从声音上形成自己独特的口号和形象，传媒识别色彩可以形成受众的记忆痕迹，引发联想，激发感情。

品牌形象推出以后，第一步就是提高传媒消费者对品牌的熟悉度。要在竞争中建立品牌认知，必须联系足够多的潜在顾客。即使是最有说服力的品牌塑造信息，如果没有联系目标顾客的话，也没有多大的作用。广告并不是联系目标受众的唯一途径，策划周密的公关活动甚至促销都可以成为联系受众的有效手段。

（四）以消费者为中心塑造品牌体验

现代最新的国际品牌理论都特别重视和强调品牌与消费者的关系。也就是说，品牌是一个全方位的架构，涉及消费者与品牌沟通的方方面面，品牌若不能与消费者结成亲密关系，就丧失了被称为品牌的资格。品牌体验就是以消费者为中心打造强势品牌的一个重要途径。

英国广播公司（BBC）充分应用品牌体验的手法打造强势品牌，将体验注入品牌价值中。BBC擅长塑造品牌体验，为了纪念BBC成立75周年，它特意开放了一个体验中心，其中让人印象深刻的是无线电报的相关展品，包括最早的无线电设备、从"泰坦尼克"号上发来的电报和相关照片等，都是第一次和公众见面。在BBC的体验中心里面，游客可以尝试导演热门电视节目，试着做做体育评论员，导演一个电台节目，当然，还可以读读天气预报，这都是让游客觉得兴味盎然的节目。

这些举动绝不仅仅是营销或者销售所能概括的，它是一种战略性的品牌思维。品牌体验深刻地影响着人们的心灵，BBC不仅提供一些具体的节目，而且提供能够影响大众品位的生活方式。

（五）整合营销传播打造品牌

整合营销传播（Intergrated Marketing Communications，简称 IMC）是一门新兴的营销理论。整合营销传播的核心是顾客需求与欲望，整合营销传播以消费者为中心重组企业行为，综合协调地使用各种传播方式，在不同场合和不同时期传递统一、连续的品牌形象，实现与消费者的双向沟通，迅速树立品牌在消费者心目中的地位，建立品牌与消费者长期密切的关系，积累品牌资产，形成品牌优势，提高竞争力。整合营销传播使企业的营销过程成为一个整体，而且实施整合营销传播是品牌转化为企业核心竞争力的关键手段。[①]

对传媒来说，整合营销传播是其必经之路，也是优势所在。传媒品牌的整合营销传播战略，是指围绕媒体及其产品品牌而展开的塑造传媒形象的所有规划活动。传媒运用公关关系、新闻策划、附属产品开发等一系列营销手段，策划有一定创意并能产生社会效应的活动，让受众获取对同一的品牌信息。传媒所属各个部门，必须在清晰了解目标受众的基础上，建立起统一的传媒形象。分工合作比单兵作战能取得更高的系统收益，而这种协作必须建立在一致的目标和有效管理的基础上。

（六）重视对忠实顾客的营销

品牌是一个以消费者为中心的概念，整合营销传播的根本目标是通过有效的双向沟通，强化品牌与消费者之间的关系。传媒在执行 IMC 的过程中，要以消费者为中心，管理顾客关系，即发现或培养一批核心顾客群，并建立顾客数据库，收集、分析和利用核心顾客各方面的情况，包括顾客的人口统计学信息、需要、偏好、收入状况以及个人生活方式等，然后据此做出有针对性的传播和服务。

品牌塑造不仅是为了吸引新的受众和广告商，维护和保持忠实顾客同样重要，赢得一位新顾客远比保留一位老顾客困难得多。研究表明，保持一个老顾客的费用仅为开发一个新顾客的 1/4，并且顾客忠诚度每增加 20%，将带来 80%的利润增长。所以，重视对忠实顾客的营销对传媒具有重要意义，传媒应通过

① 肖叶飞，2017. 媒介融合与媒体转型［M］. 芜湖：安徽师范大学出版社.

建构品牌的知名度和美誉度，培养受众对品牌的忠诚度。

（七）创新保持传媒品牌生命力

品牌建设不是一劳永逸的，只有不断创新才能保持品牌生命力。一个品牌历经3~5年就可能要面临改造了。迪士尼总裁就曾经宣称："每隔7年迪士尼就会进行一次大调整。"因为品牌有自己的生命周期。创新是品牌成长与规模化发展的永恒推动力。企业必须不断开发新技术，并能适时应用于新产品，才能使其品牌在市场上有持久的生命力；品牌构筑是一个动态的过程，必须不断对品牌内涵进行强化，使其具有深厚的文化底蕴，在适当的时候还要根据企业发展战略大胆创新，赋予品牌新的含义。

一个成功的传媒品牌必须在与忠实顾客保持紧密联系的情况下与时俱进，顾客期待欣赏有创新意义的改变。对于处在稳定期和成长期的传媒品牌来说，创新是延长其生命力的有效措施之一。因为在品牌的成长过程中，环境在变，竞争对手在变，受众的价值取向也会悄然改变。只有对传媒内容架构不断进行动态调整并逐步优化品牌，才有可能建立起富有竞争力的强势传媒品牌。所以有必要采取措施为之注入活力，有计划地导入新的内容以求品牌的再生。值得注意的是，品牌创新应建立核心价值理念，借鉴国内外知名品牌建设的经验，可以发现，核心理念是成就产品和企业的核心。

不过，传媒品牌带有创新意义的改变也是有一定风险的，即在争取新的受众的过程中可能会失去现有的部分忠诚受众。所以，对品牌管理者而言，创新是一个棘手的挑战。盲目地为一个挣扎期的电视节目修修补补，往往只能使它变得更加糟糕。在这种情况下，转换品牌就不失为一种明智的选择。

二、传媒品牌与质量管理

质量是品牌的生命，品牌形象也是高品质产品和服务的象征。通过质量来创造品牌是较为长远的一条途径。质量管理是企业管理的关键和核心，被视为企业重要的竞争手段。围绕品牌建设，加强质量管理，是企业创建一流品牌的基础。

（一）传媒品牌要突出质量管理

首先，随着我国传媒业进入品牌竞争时代，激烈的竞争使传媒品牌的可持续发展变得尤为重要。加强质量管理是可持续发展的基础。质量是传媒品牌创立和发展的根本，是传媒公信力的最直接体现，更是传媒竞争和影响力的外在表现。

其次，质量管理是推动企业不断创新和持续改进的重要战略。质量是企业经营管理水平、核心竞争力的重要体现，质量好坏是衡量传媒企业是否健康发展、检验传媒改革成功与否的重要标志。对传媒品牌来说，质量竞争是关键。从消极的角度来讲，加强质量管理，至少可以满足电视台对播出安全性和稳定性的要求。要规范操作程序，确保安全播出，就必须通过创新机制，建立制度保障，系统提升管理水平。从积极的角度来讲，开展质量管理体系认证，标志着电视台的设计、生产、服务已步入工业化和标准化，能够推动电视台由作坊式的运作到工业化大生产的飞跃。

（二）传媒品牌需要建立质量管理保障体系

为了实现质量目标，传媒必须综合应用各种先进的管理方法和技术手段，善于学习和引进先进的管理经验，不断改进传媒的业务流程和工作方法，增强组织成员的质量意识和质量技能。

传媒品牌建立质量管理保障体系可从以下几个方面入手：

（1）注重人、财、物等硬件部分的投入。

（2）重视服务质量。服务质量关系到品牌的声誉。全方位提高服务质量，一方面是针对广大受众，要以受众需求为目标，为受众提供满意的服务；另一方面则是针对广告客户，为其提供专业化和高质量的服务。

（3）提高专业化水平。专业化水平制约着传媒产品质量，专业化水平差是我国传媒目前的一个巨大缺陷。传媒节目的创建必须形成统一的生产模式以确定稳定的制作标准、技术和艺术风格。没有专业分工，就没有标准化生产的品牌。

三、传媒品牌与公共关系

（一）传媒的公共关系

公共关系（Public Relations，PR）就是组织为了协调自身的利益和社会利益，以良好的组织形象为核心目标，围绕科学的计划，通过各种传播手段来建立和维系组织与社会公众之间的相互了解、相互信任、相互适应和相互合作的关系，协调组织内外的各种矛盾，进而创造组织活动的最佳环境。

公共关系能树立品牌，有助于增强企业的竞争力。公共关系作为产业实体经营管理的重要环节，对企业（机构、组织）的兴衰成败发挥着越来越大的作用。从世界范围来看，广告业的市场份额在降低，直接销售和公共事业的份额在上升。曾改变广告界发展方向的美国营销大师艾·赖斯在他的著作中写到："广告能够保护你的品牌免受来自竞争者的攻击，广告是用来支付维持品牌在消费者心目中位置的费用。广告用来保牌，而不是创牌。"[①]美国营销大师科特勒将公共关系称为营销组合 4P 之外的第 5 个 P。他认为，过去企业的竞争力主要靠的是高科技、高质量，而现在却要强调高服务和高关系。所谓高服务和高关系就是指企业在竞争生存中的公共关系，以及蕴涵在公共关系中的企业形象的树立和维护、品牌的打造和管理、政府关系的协调、媒体公共传播以及企业的危机管理等。

作为公共关系中介的传媒，同样需要进行公关宣传。对传媒来说，公共关系活动主要分为两类：一类是传媒自己策划组织的活动；另一类是大型的会展。如中国（上海）传媒业博览会、广电博览会、报刊征订发行会、读者节等活动。长期以来，传媒机构非常注重新闻舆论宣传，但对公共关系却不够重视。自1978 年以来，随着公共关系成为一个行业，传媒机构一直被当成公关对象与目标，其实，在企业化市场化运作的环境中，传媒机构自身也应积极主动地搞好公共关系，有必要从被公关的对象，转换角色成为公关的主体，通过建设良好的公共关系来赢得更佳的社会效益与经济效益。

---

① ［美］艾·里斯，劳拉·里斯，2013. 广告的没落 公关的崛起［M］. 寿雯译. 北京：机械工业出版社.

（二）传媒需要公共关系的原因

1. 传媒的产业竞争迫使其树立公共关系意识

自 1978 年以来，由于方针和政策的调整，我国大众传播业发展迅猛，新闻机构数量激增，规模扩大，结构发生变化。在激烈的竞争中，传媒形象是赢得市场、受众的关键，注重形象至关重要。当前许多传媒已经意识到公关活动的重要性，逐渐树立起公关意识并开展了具体行动，比如，2003 年在北京创刊的《新京报》重视搞好公关工作，吸引公众，沟通关系，在创办之初不惜斥巨资进行宣传，开展各种促销活动，为报纸发展创造良好的条件和环境，取得了一定的成效。

2. 传媒开展公共关系是知识经济的要求

知识经济带来的一大特征是竞争日趋激烈，对社会组织的管理要求科学化、信息化。其中一个重要方面就是加强"沟通"，即为了与有各种利害关系的人们构筑良好联系而开展信息交流活动。而公关正是社会组织运用传播手段与其公众进行双向沟通的活动，旨在协调其公众关系。

3. 公共关系是传媒塑造形象的重要手段

在传媒竞争日益激烈的今天，打造一个有活力、有亲和力、有竞争力的传媒品牌，公共关系已成为整合营销传播时代中不可忽视的重要工具。

公共关系的最终目标是树立组织形象，在传媒竞争中必须将公关活动作为塑造形象的重要手段。传媒形象是一个多维立体的概念，涵盖面很广，意味着传媒公关是多方位的全员公关，必须针对传媒的产品形象、服务形象、人员形象、环境形象、文化形象、标识形象等各方面开展公关活动，这就要求上至管理层、下至普通工作人员都要具备公关意识，从塑造传媒形象出发开展全员公关活动。

（三）传媒开展公共关系的策略

1. 树立品牌意识，创办传媒的名牌产品

创造传媒良好形象，可以从创办名牌栏目入手。企业经营主要靠品牌，靠名牌产品。传媒经营同样要靠品牌。对传媒而言，品牌意味着特性和品质，名牌栏目（版面）能带动传媒整体形象的提升。从某种意义上来讲，品牌就是形象，传媒只要有自己的知名品牌，就等于有了良好的形象，有了竞争的能力。创办名牌栏目不仅可以树立传媒形象，还会带来良好的经济效益，推动传媒良性滚动发展。要办好名牌栏目，关键是提高新闻作品的质量。

2. 注重传媒形象包装

传媒形象是指社会公众对传媒的总体看法和评价，它是传媒强大的无形资产。传媒形象一般可分为内在形象和外在形象。所谓内在形象，首要指的是传媒成员形象，也就是传媒成员的素质。外在形象是视觉可见的形象，首要指的是传媒产品形象，也就是节目、栏目、版面的内容及其形式。传媒产品是反映传媒综合素质的镜子，注重传媒产品形象的包装，对于树立传媒形象、赢得受众群至关重要。

3. 积极参加各种社会公益活动

公共关系的目的在于树立组织形象，有两个指标：知名度和美誉度。参与公众事业和公益活动是传媒增强知名度和美誉度的有效方式。传媒是社会的成员，在充当社会活动的传播者和报道者的同时也应参与其中，努力扮演参加者和组织者的角色。

4. 开展必要的广告宣传活动

广告是告知公众的一种非常有效的手段。传媒作为广告载体，也应用广告来宣传自己。传媒是不同于企业的社会组织，其广告异于一般的商业广告，广告目的不在于对产品的自夸，而是旨在树立传媒形象，所以应该选择公关广告。所谓公关广告，是将公关与广告紧密结合，主题始终围绕如何树立组织的良好公众形象来进行，符合传媒开展广告活动的目的。

四、传媒品牌管理需要注意的问题

（一）传媒品牌不能等同于"包装"

国内传媒的品牌建设中讲得比较多的是"包装"，在实践中，大多是对品牌外观的人为处理。许多传媒机构都开展了轰轰烈烈的品牌创立活动和推广活动，却没有重视品牌本身素质的打造。事实上，"包装"只是品牌建设中比较肤浅的一小部分，不能简单地将品牌等同于"包装"。不掌握以品牌建设为核心的品牌管理技巧，"包装"通常是一种浪费。品牌建设是一项系统工程，品牌背后凝结的是优异的品质、不断创新的技术、周到体贴的服务、及时快速的响应以及严密精细的管理等诸多要素。如果一种产品本身不具有生命力，再怎么做品牌都是没有用的。

（二）品牌营销应兼顾受众与广告商

在营销的过程中，应该尽量避免对频道品牌和观众收视率的冲击和伤害，不能舍本求末。传媒要追求客户利益与品牌利益的一致，实现客户需求和品牌价值的一致。在向广告商销售节目时，应有一种将电视台以及具体节目整合起来的连贯一致的品牌识别意识。

（三）品牌拓展应把握好"度"

传媒的品牌拓展应把握好"度"，过度的商业开发可能对原有的品牌造成损害。品牌拓展的好处是：扩展的子媒体借助原有的品牌优势，有比较高的存活率；满足不同细分市场的需求；完整的产品线可以防御竞争者的袭击；可以加快新产品的定位，保证新产品投资决策的快捷、准确；有助于强化品牌效应，增加品牌这一无形资产的经济价值。

但品牌拓展策略也存在着风险：一是损害原有品牌形象。当某一类产品在市场上取得领导地位后，这一品牌就成为强势品牌，它在消费者的心目中就有了特殊的形象定位，乃至成为该类产品的代名词。将这一品牌延伸后，就有可能对强势品牌的形象起到巩固或减弱的作用。如果品牌延伸使用不当，原有强势品牌所代表的形象信息就会被弱化。二是有悖于消费心理。如果传媒把强势品牌延伸到和原市场不相容或者毫不相干的产品上，就可能有悖于消费者的心理定位。三是株连效应。将原有强势品牌冠于别的产品上，如果不同产品在质量和档次上相差悬殊，就会对原有强势品牌产品和延伸品牌产品产生冲击，不仅损害了延伸产品品牌，还可能株连原有强势品牌。

（四）注意对品牌商标的保护

培育品牌不容易，要保护一个品牌也不容易。企业要积极打击侵权和假冒行为，这是培育品牌不可缺少的一项重要工作，也是维护企业良好品牌形象的重要工作。传媒业的核心价值表现在品牌上。传媒要不断地吸引消费者的注意力，扩大在消费群体中的品牌影响，才能获得商业利润。目前，随着我国传媒业的市场化发展，品牌已经成为一家传媒生存与发展的重要基础。据统计显示，在我国的2700多份报纸中，除了天津的《今晚报》和上海的《申江服务导报》等少数报纸外，大多数报纸都没有对自己的名称进行商标注册，中西部地区比东部地区尤甚。而在全国几千家期刊中，注册率也仅为18%。不仅如此，很多报纸和期刊名称还被他人抢注。忽视商标价值以及由此带来的社会效益及经济效益，是我国传媒商标保护意识薄弱的关键。

传媒机构可以从3个方面来开展品牌保护工作。首先，在新节目的策划期，同时开展节目品牌相关类别的商标注册工作。对有向海外发展计划的企业来说，还应同时兼顾品牌在海外市场的保护和注册。其次，建立品牌保护的监测机制。可以通过专业机构或法律途径监控传媒品牌的使用和注册情况，防患于未然。最后，在品牌附加价值延展时，相应地要在其他商标保护类别中进行注册。

（五）品牌化策略的风险

传媒开展品牌化策略未必能保证经营上的成功。所谓品牌化策略，是指传媒为自己培育特有的、全新的品牌，也就是说，传媒愿意为自己起一个特有的名字，设计一个独特的标志，选择一个特殊的市场，确立一个长期的品牌化发展目标。品牌化策略的好处是：能够在市场上树立全新的产品和传媒形象；能够保护传媒的某些独特品质免于被竞争者模仿；为培养和维持忠诚顾客提供了机会；有助于进入细分市场并有效定位；有助于传媒形象的形成和发展。但品牌化过程本身也是对传媒综合资源的挑战。从管理思想组织结构和运作效率、从资金实力到人才优势、从企业内部文化到外部环境，都可能对品牌化策略的实施构成各种限制或障碍。也就是说，建立、维持和保护品牌也要付出巨大的成本。

第七章　传媒生产管理

传媒生产管理是指在规定时限中充分利用人、财、物、信息等传媒资源，生产一定数量和质量的传媒产品的过程。高效的生产管理是传媒决胜市场、提高经营效益的基础保障。传媒生产管理更强调企业内部各种传媒资源的整合、利用及开发过程的效率。尽管目前我国传媒产业发展势头良好，特别是经济效益稳步上升，但在生产管理环节仍存在诸多弊端，需要加强管理。

第一节　传媒采编管理

采编管理是新闻生产过程中的重要部分，采编管理机制设计上要体现科学，执行上要讲究效率，通过记者和编辑的互动，有效地发挥记者和编辑的主动性与创造性，在新闻资源的开发上体现受众导向和传播效果的最大化。

一、传媒生产管理与采编业务

（一）传媒的生产管理

传媒生产管理有广义和狭义之分。广义的传媒生产管理既包括传媒产品的制作和播出，也包括新闻策划和新闻采编业务的管理。狭义的传媒生产管理是指与传媒产品的制作密切相关的各项管理工作。

（二）传媒采编管理与生产管理的关系

采编管理主要是对"人"的管理，生产管理是对"物"的管理。采编管理强调的是记者的机动性、灵活性和编辑的策划意识，而生产管理更注重程序性和稳定性。采编管理在生产流程中起着决定性的作用，报纸排版、印刷和广播电视节目制作与播出管理在生产流程中起着辅助性的作用。采编管理人员要有高度的政治敏锐性和新闻敏感性，同时也要有市场意识、受众意识、竞争意识和策划意识，生产管理人员更要有质量意识、市场意识和经营意识。[①]

二、报纸的采编管理

（一）采编合一与采编分离

根据从事新闻工作者的角色区分和管理，如果一个从业人员既采又编，则是"采编合一"，如果只采不编或只编不采，则是"采编分离"。具体来说，报纸编辑部下辖各专业部，在一些报社，专业部直接负责报纸版面编辑工作，如经济部负责经济新闻版的编辑，国际部负责国际新闻版和国际副刊的编辑等。这些报社专业部的人员在家是编辑，出外是记者，称作"采编合一"。也有一些报社实行"采编分离"制度，专门设版面主编负责版面编辑工作，编辑人员不采访，专业部的记者只做采访工作，不承担编辑任务。

1. 采编合一

采编合一是指版面由各部门承包，编辑记者一人承担。

（1）优点：一是有利于新闻策划，可根据版面需要组织稿件；二是有利于稿件处理，保持原稿的风格和特点；三是有利于编辑记者的交流，提高效率，避免重稿。

（2）弊端：一是容易造成个人包版制，造成编辑发稿的个人随意性，客观

---

① 屠忠俊，吴锋，2013. 传媒经营管理［M］. 北京：北京师范大学出版社.

上助长了关系稿的现象；二是看人不看稿，编辑的把关作用形同虚设，导致编辑水平的下降；三是每个编辑都只考虑自己的版面，缺乏全局意识，并且稿件自采自编，质量得不到保障。采编合一适合出版周期长、时效慢的报纸，对于讲求时效、新闻竞争激烈的报纸，一般都实行采编分离或根据版面的不同要求混合使用两种方式。

2. 采编分离

采编分离是指记者按部门的分工来跑线，责任编辑按版面分工编稿和组版。

（1）优点：记者和编辑职责明确，工作上不会有交叉，分工合作，专业化水准提高。

（2）弊端：在传统的采编分离机制下，采访系统（记者部）和编辑系统（编辑部）是一种平行的关系，除了大型或重要的新闻报道外，在日常工作中的沟通与合作比较少，只是各自承担新闻生产过程中不同阶段的职能。如果编辑的能力不是很强，指导作用发挥不好，对稿件的认知不到位，反而影响稿件质量，如果管理得不好就容易形成两个阵营，对报社整体的团结不利。

采编合一和采编分离属于操作层面的事情，各有利弊，可以根据不同的报纸和不同的市场环境，在新闻生产的过程中灵活使用。比如，《南方日报》在四大中心实行的是采编合一，在中心内部则实行的是采编分离。

市场化发展和新闻产品生产专业化的发展方向也要求记者和编辑的职责明确分开。从《北京青年报》改版来看，在形式上，编辑和记者彻底分属两个不同的中心、部门，岗位分离，职责分离，避免了工作的交叉，在内在机制上表现为确立了编辑的业务主导地位，突出了"版面质量"这一价值判断核心。新体制一方面强调编辑和记者业务范围的彻底分离，明确要求编辑对版面质量负责，但不得在自己负责的版面上发稿，记者对稿件质量负责，但不参与组版工作；另一方面又规定编辑承担指挥记者采访活动的责任，而且执行主编每日必须与记者定期沟通。由于编辑与记者、记者与版面之间的固定对应关系被打破，业务操作上的双向选择得以强化，稿件的质量竞争不断明晰，推动报道水平不断提高。[1]

美国《纽约时报》的编辑部实行的是以分类结合、采编合一为主的体制。在

---

① 孙伟，2003. 北京青年报的编采分离实践［J］. 青年记者，（8）：8.

这种体制下，编辑部被分为新闻和副刊两大类，各大类下又按照报道的内容分部或组，如新闻类的本市新闻部、国内新闻部和财经部等，副刊类的科学部、星期天刊部等。在这些部内部，主编和编辑对记者有绝对的指挥权，记者采访的稿件主要在本部的版面落地，重要的可上要闻版，但也要由本部主编或编辑审改签发。然而，在个别部，也实行采编分离，如版面编辑部，其职责有点像我国报社的总编室，专门负责稿件的文字修饰和版面的设计拼装，里面是清一色的文字编辑，没有记者。还有一个特别报道部，由主编临时从各部调动记者投入重点报道，其职责类似我国一些报社的机动记者部，除了主编外，全是记者。英国的著名报纸，如《泰晤士报》《每日快报》《观察家报》等除了要闻版实行采编分离外，其他部门大多以板块为基础，实行采编合一，各板块的主编管一批记者和编辑，对该板块的采编工作全面负责，具有很大的自主权。

（二）记者中心制与编辑中心制

1. 记者中心制

记者中心制是指在媒体内部建立了强大的记者部或以记者为主的专题新闻部。各部有专门跑线的记者，不仅人多势众，而且在实际的操作中，记者的作用也大于编辑。记者的稿件决定着版面的内容和风格。编辑的作用就是版面处理。

2. 编辑中心制

编辑中心制是在科学地设计报纸全部版面的基础上，构建版面主编、责任编辑、记者三级业务管理体制。编辑中心制以版面主编为骨干，版面主编管辖具体版面的责任编辑，责任编辑统辖记者。在这种机制下，编辑被赋予较大的责任和权力，具有管理记者并对报道进行组织策划和把关的职能。

从国外传媒运行情况来看，相对成熟的采编系统都是记者、编辑分工明确的，而且大都实行编辑中心制，即大编辑、小记者。西方国家报社的编辑部中的编辑起主导作用，大都由做过很多年记者并且水平较高的人来担当，他们一般不出去采访，而是在编辑部运筹帷幄，根据从各个方面得到的信息，结合报社的总体思想和报道要求，分析判断发生的新闻事件，进行报道策划，然后布置给记者采访任务，跟踪和了解记者的完成情况，最终帮助记者修改并完成稿件。如《纽约时报》的各个采编部门中有主编、编辑、记者。主编相当于部门主任，主编和编辑对记者有绝对的指挥权。这样的制度有利于编辑和记者明确分工，工作上没有交叉。编辑的职责是进行报道策划、确定记者的采访任务，派遣记者写稿、编辑记者的稿件等。记者的职责是发现新闻线索，随时向编辑报告，根据编辑的分派或认可采写新闻，继续在一线跟踪所报道事件的新进展及相关新闻。①

当前报刊采编机制的改革趋势如下：

（1）建立记者和版面编辑之间的沟通与合作的互动关系，改变采编工作条块分割的状况。

（2）建立以编辑中心制为主的采编架构。一是取消传统的记者部，成立具有新闻采编双重功能的新闻中心。二是建立多层次的编辑系统。三是建立为版面服务的记者系统，充分发挥版面主编的作用。

（3）责任编辑的把关功能要真正发挥作用。责任编辑不仅要参与报道的策划和实际操作，还要对稿件和版面的质量负责任，在评判稿件和版面质量时享有发言权，是一个责权统一的把关人。

（4）淡化中心主任的指挥功能，强化其协调功能。

（5）强化记者的版面意识、读者意识、合作意识和创新意识。

（三）新闻采编与经营活动分开

采编业务与经营业务严格分开，经营部门不得以"维护客户利益"为由干扰采编部门的正常工作，这是我国新闻传播业的一项重要制度。中宣部等四部门1997年发布的《关于禁止有偿新闻的若干规定》第十条规定："新闻报道与经营活动必须严格分开。新闻单位应由专职人员从事广告等经营业务，不得向编采部门下达经营创收任务。记者、编辑不得从事广告和其他经营活动。"

2005年，中宣部、国家广电总局、国家新闻出版总署下发《关于新闻采编人员从业管理的规定（试行）》，重申要严格实行新闻报道与经营活动相分开的规定。规定不得以记者、编辑、审稿人、制片人、主持人、播音员等身份拉广

---

① 新华社对外部，2005. 采编合一与采编分离：谈报纸采编流程管理［J］. 中国报业，（6）：18.

告，不得以新闻报道换取广告，不得以新闻形式变相播发广告内容，不得为经营牟利操纵新闻报道。

原新闻出版总署还有一些部门规章也有"两分开"的规定。如《报纸出版管理规定》第四十条规定："报纸采编业务和经营业务必须严格分开。新闻采编业务部门及其工作人员不得从事报纸发行、广告等经营活动；经营部门及其工作人员不得介入新闻采编业务。"《新闻记者证管理办法》第十九条规定："新闻记者不得从事与记者职务有关的有偿服务、中介活动或者兼职、取酬，不得借新闻采访工作从事广告、发行、赞助等经营活动，不得创办或者参股广告类公司。"

"采编和经营分离"也是国际上主流新闻媒体的一项基本原则，特别是严格要求编辑和记者不能插手经营业务，不能去拉广告；新闻报道不能屈从于经营部门和商业目的的影响。德国《新闻业准则》规定："新闻业对公众所承担的责任不允许新闻材料的发布受到第三方利益或经济利益的影响。媒体发行人和编辑必须防止此类影响和企图，且要保证新闻材料和广告材料严格分开。"20 世纪90 年代，IBM 是《财富》杂志最大的长期广告客户，但《财富》杂志某一期的封面批评了 IBM 当时的总裁郭士纳。郭士纳认为该批评不公正，因此将 IBM 投到《财富》杂志的 1000 多万美元的广告费全部撤走。但《财富》的客观、公正反而赢得了市场和客户的认可，IBM 的众多竞争对手纷纷加大其在《财富》的广告投放，结果《财富》当年的广告营业额还出现了飙升。

三、电子媒体的采编管理

（一）制片人与制片人制度

制片人是节目生产过程中的主导人物和总负责人，具有对节目的策划、制作、包装、推介等流程的实际操作经营权和相关工作人员的领导权。其特点是由制片人承包版块，对栏目的节目制作及财务用人分配等负全部责任；收入分配上实行奖惩机制；制片人有权解聘外聘人员。

制片人制度起源于 20 世纪 20 年代的美国，它的出现是西方影视事业发展的需要。1985年，中国电视剧制作中心任命了4名制片人，开创了内地电视界制片人制度的先河。1993年5月，中央电视台又在《东方时空》实行了制片人制度，第一个在栏目中采用了这一机制。随后，这种新的节目管理方式很快被全国各地电视台所接受。

我国目前各电视台主要是栏目制片人制度，即由制片人管理栏目，对栏目的节目制作、财务管理、人员使用、报酬分配实施全权负责。实践说明，这种节目管理方式是目前各种方式中较先进的一种。可以说，电视制片人制度的实行是我国电视节目运作机制的一项重大改革。这种新的机制调动了电视工作者的积极性和创造性，使电视台的人、财、物等资源在一定程度上实现了合理配置，获取了原有管理模式难以实现的社会效益和经济效益。

（二）频道制与中心制

任何组织（营利机构、非营利机构等）的组织结构设计的核心问题都是职责与权力的配置。为了促进信息流动，降低成本，刺激各部门对市场需求的反应，组织结构扁平化的趋势受到了广泛关注。随着电视频道数量的增多，为了增强市场应变能力和竞争力，电视台实行频道制还是中心制值得思考。

1. 中心制

中心制组织结构是"总台—中心—部门—栏目"的四级管理结构。这是一种典型的直线职能制组织类型，它的建立以职能专业化的优势为理论基础，分设制作中心、播出中心、编辑中心、广告中心和技术开发中心等专业化中心部门，并根据各自的职能划分进行节目生产、购买并输送到相关频道时段播出。

从我国广电事业诞生直到20世纪90年代末，中心制在电视台的管理中一直发挥着重要的作用，其优势是组织的整体任务目标明确，有利于集团管理；集中人力和物力，使各个中心朝各自专业化方向发展。在频道资源稀缺的计划经济体制下，中心制能够统一调度、统筹管理、集中优势、实现资源共享。中心制的劣势表现在：多层级的管理结构造成了集权严重，组织缺乏生机活力。在中心制下，节目中心按照"计划"制作节目，不负责频道的编排，对频道或者竞争对手的情况也不如频道清楚。另外，由于频道节目收视效果、管理效率与节目中心没有直接激励关联，所以员工的积极性很难被调动起来。

2. 频道制

频道制组织结构是"总台—频道—栏目"的三级管理结构，是一种事业部制的组织结构类型，它通过分权的方式让各频道成为"自主运营"的事业部主体。首先，频道制的优势表现在管理层级的减少，实现了管理层与操作层直接沟通，栏目制片人向频道总监负责，频道总监又向电视台（或集团）负责，极大地激发了工作潜能。其次，频道制是频道直接管理栏目，并拥有一套专门服务于频道的技术、设备、采编制作力量，这样可以提高节目制作的效率。再次，频道可以调配整合节目制作力量和生产创作资源，促使频道内所有节目与频道品质相契合，形成品牌合力。频道制突出的劣势在于缺乏整合，力量容易分散。另外，频道制可能会导致追求小集体利益，对电视剧购买竞相抬价和对广告时段销售竞相压价的恶性竞争，或对电视台（或集团）的重大行动执行不力等情况。

3. 频道中心制

频道中心制是指针对电视台的实际情况，对电视节目生产组织采用比较灵活的权变管理。比如，广东电视台就是采取频道制与中心制相结合的管理机制。各节目部门已经整合为新闻、海外、社交、经济、青少、体育和文艺等15个中心。又如，2009年重组新闻中心后，中央电视台进行改制调整，除新闻中心外，文艺中心等由中心制改为频道制。

（三）制播分离与制播合一

电视节目制播体制是电视管理体制的重要组成部分，它主要解决的是电视节目制作机构与电视节目播出机构的关系问题，所涉及的内容包括电视节目的组织安排方式、电视节目内容的财政支持方式、电视产品的市场流通方式等。

1. 制播分离的内涵

制播分离起源于英国的委任制，指电视台策划、投资并拥有版权的前提下，将节目制作业务委托给外部制作机构或独立制片人完成，它强调的是在电视台占主导的情况下，将节目制作委托给一些社会上的节目制作机构。

制播分离就是在电视节目的生产、流通和播出的过程中，节目的生产制作和节目的播出分别由不同的单位负责的管理制度。播出机构和制作机构之间通过节目的购销来合作。制作方通过向电视台提供节目来换取广告时间，经营广告时间来赢得利润，或直接收取制作费用；电视台则负责终审把关和播出。制播分离实行的是专业化分工，制作者一心一意制作出优秀的电视节目，电视台根据受众的意见反馈对节目进行调整和包装，对电视节目质量的提高有积极的作用。

2. 制播方式的演变

制播分离就是制作权和播出权的分离，将除新闻之外的生活、娱乐、体育等节目采用制播分离，由社会上的电视节目制作公司承担。

2003 年 12 月 30 日，国家广播电影电视总局颁布的《关于促进广播影视产业发展的意见》提出制播分离的电视产业化的概念，允许各类所有制机构作为经营主体进入除新闻宣传外的广播电视节目制作，鼓励电视台将可经营的部分拿出来经营，与社会资本组建合资公司。

2004 年 7 月 19 日，国家广播电影电视总局颁布的《广播电视节目制作经营管理规定》第五条规定："国家鼓励境内社会组织、企事业机构（不含在境内设立的外商独资企业或中外合资、合作企业）设立广播电视节目制作经营机构或从事广播电视节目制作经营活动。"

2006 年 1 月，国家广播电影电视总局印发的《2006 年广播影视工作要点》中规定，除新闻类、社会访谈类节目外，文艺、体育、科技类节目等可逐步实行制播分离，引入市场机制，实行节目的市场招标采购。

2009 年 8 月，国家广播电影电视总局印发的《关于认真做好广播电视制播分离改革的意见》，进一步明确了制播分离的范围，涉及气象、农业、影视剧、音乐、晚会、小品、纪录片、赛事技播、家庭、家政等节目；通过组建节目制作公司，改革台内节目制作运营机制，深入推进制作体制改革。

2020 年，国家广电总局下发《关于进一步加强专业电视频道建设管理的意见》，强调要认真贯彻中央关于广播电视制播分离改革的要求，依法依规组建台属台控台管的节目制作经营公司。

3. 制播方式的两种类型

（1）制播分离：指电视台通过某种交换机制从外部的制作机构获得电视节目的运作体制，电视台和节目制作机构之间形成一种契约或合作关系。

制播分离有不同的层次。节目、栏目、频道引入市场机制；电视台内部剥离成立下属制作中心或者基地，构建内部市场，同时探索与外部市场的关系；频道的部分节目制作和经营业务引入市场；整个广播电视台在更大的范围、更深程度上进入市场，短期内削弱了电视台的力量，从长远来看，是产业发展的必然。

电视台制播分离改革一般采取由内到外的两步走计划：第一步，实行内部制播分离，有效发挥台属企业的资源潜力和制作能力，使制播分离迈出实质性的一步；第二步，推行社会化制播分离，及时总结内部制播分离改革的经验，引入市场竞争机制，实行节目招标采购，逐步实现节目制作社会化。

（2）制播合一：指电视台节目的策划、投资、制作、审查、播出等各环节都由电视台内部的节目部门统筹完成的运作体制。

4. 制播分离的几种方式

（1）委托制作与合作制作

委托制作指电视台将栏目委托给社会制作机构制作。合作制作指由电视台和社会制作机构共同策划、投资、联合制作节目并分享节目版权的操作模式，电视台可以投入部分节目制作经费，也可以提供一定的广告时段由制作机构经营，双方共同对节目进行审查后播出。

合作制作是电视台与社会制作机构共同投资、共有版权、共同制作，双方利益共享的合作模式；而委托制作是由电视台根据自身的需要，投资并委托社会制作机构制作节目，电视台完全享有版权。

（2）招标制

选择合适的栏目进行招标，评估小组根据栏目年度及当前收视率，综合考察台内外栏目成本，提出标的，包括招标实施后的节目质量、社会效益、收视率标准、节目经费标准等。中标人对栏目内容、选题、人员、资金等进行监控和检查。

（3）市场交易

节目制作机构投资，进行前期的市场调研和策划，确定节目的内容和风格，制作节目并拥有节目版权，电视台通过购买获得节目的播出权，支付方式可以是现金购买或以贴片广告补偿。[①]

第二节　报刊生产流程管理

流程以产品的生产为主线，是企业一系列活动的组合，这一组合接受各种投入要素，包括信息、资金、人员和技术等，最后通过流程生产客户所期望的产品，以此带来客户价值。传媒产业需要提高流程管理的意识，进一步规范传媒基础管理，调动员工的积极性，提高执行力与管理效率。

一、传媒生产流程管理

流程管理是系统化的管理模式，具有目标性、结构性、层次性、动态性和整体性的特征。

传媒生产流程管理就是在目标战略的指引下，以先进的信息技术为手段，为实现客户需求为中心，以持续提高组织业务绩效为目的，明确流程管理责任，监控与评审流程运行绩效，对生产流程进行规划、建设以及再优化。

生产流程管理是企业管理中不可缺少的一部分，没有规范的流程，企业的生产经营活动必然是无序混乱、缺乏效率的。企业的成功在很大程度上取决于有效的管理及生产流程的支持和顺利执行，生产流程是企业生产经营活动的具体载体，将企业的各部门、职能及个人联系在一起，协调工作，是建立市场竞争力的基石。进行流程管理是实现企业发展战略与愿望、创建学习型企业、提高企业执行力，以及企业现代化管理和信息化工作的需要。

① 刘祥平，肖叶飞，2010. 制播分离时代的广电产业变局［J］. 当代文坛，（11）：148.

业务流程的设计要有一条主线，以价值链为基础把流程串联起来。设计要符合下列原则：以客户满意为中心原则；资源约束原则；可操作性原则；流程驱动的原则；系统管理原则；专业化原则；以人为本原则；信息化原则。

二、报纸的生产流程管理

报纸的生产流程包括报道的策划、新闻的选题、版面的设计、后期制作与报纸的印刷等方面，报纸生产流程管理应该服务于报纸的整体形象和市场定位，不仅要在内容上能吸引读者的注意力，具有可读性，而且在形式上也要讲究视觉冲击力，具备贴近性，实现其预期的社会效益与经济效益。

（一）新闻报道策划

新闻报道策划是新闻编辑为使某些报道选题获得预期的传播效果，对新闻报道活动进行规划和设计，并且在报道实施过程中不断接收和反馈，修正原先设计的行为。新闻报道策划在不同类型的媒介表现不同的形态，可以根据不同的标准将新闻报道策划分为不同的类型。

（1）以报道客体发生状态作为分类标准，新闻报道策划可分为可预见性报道策划和非可预见性报道策划两类。可预见性报道策划是指对能够提前获知的事件性新闻和非事件性新闻的报道策划，如纪念反法西斯战争胜利 70 周年、纪念改革开放 40 周年等非事件性新闻等，对这类新闻的报道策划可以提前进行。如地震、火灾、飞机失事、战争爆发等，都属于非可预见性新闻报道内容，通常是在事件发生之后立即策划报道活动。

（2）以报道策划的运行时态作为分类标准，新闻报道策划可分为周期性报道策划和非周期性报道策划两类。周期性报道策划是指新闻采编部门对日常新闻报道的一种常规性策划，策划的时间具有周期性特点，如按季度、月、周等进行的报道策划。非周期性报道策划是指根据报道需要临时进行的报道策划，如对突发性新闻事件的报道，只能在事件发生之后立即策划报道。

（3）以报道策划的运行方式作为分类标准，新闻报道策划可分为独立型报道策划和联动型报道策划两类。独立型报道策划是指报道策划独立存在，与其他策划活动无关，报道者并不介入报道客体中。新闻媒介通常是站在旁观者的角度进行客观报道，这种报道策划是独立运行的。联动型报道策划是指报道策划与其他策划有关联，并相互间发生作用，如策划救助贫穷学生的公益活动等，报道者身兼"报道者"与"当事人"双重角色，这种策划与公关新闻相似。

编辑、记者每天获得的新闻线索是大量的，需要策划的只是那些内容重要、意义重大的深度报道。一旦发现值得进行新闻报道策划的重要新闻线索，策划者首先要围绕这一线索广泛收集各类信息进行报道策划。根据各方面反馈的信息，策划者一般可对原先的报道方案做下列各种修正：修正报道思路、调整报道内容、调整报道规模、改变报道方式、调整报道力量与报道机制。

（二）报纸的采编流程

报纸生产流程将报纸从选题采访到报纸出版作为一个完整的生产周期。以总编辑为首的编辑委员会确立报纸的编辑方式，采访编辑部门的负责人对当前阶段的重大报道进行策划，包括确定报道选题、设计报道范围与重点等，记者负责采访和写作，编辑负责选稿、改稿、制题、组版和校对等工作。

1. 策划、准备阶段

执行主编和各部门主编协商决定当期报纸的总规划，包括各部门的稿件、文章的初稿采编完成时间，以及报纸的采编要求；新闻部将自己的选题在例会上详细陈述，供所有编辑、记者参考和讨论，各编辑、记者针对选题提出自己的意见和建议，各个报道组综合各方意见制定报道方案；所有编辑、记者在每周的例会上交流自己发现的新闻点，参考其他人的意见，从而确定自己的报道选题，大型报道可跨组和联合其他报社或媒体合作。

2. 采写、征稿阶段

各个报道组组长安排好小组记者的采访调查、写稿工作，并在组内记者之间讨论，同时在每周的例会上向新闻部主编、执行主编以及全体编辑、记者汇报工作进展；评论部的话题（选题）征稿宣传工作由评论部主编全面负责，评论部主编在部门内充分沟通讨论的前提下制作征稿公告。

3.编辑、组稿阶段

新闻部主编、编辑与负责采写的报道组之间进行充分沟通之后，认真编辑稿件，并按时完成排版；评论部主编和编辑对征稿和其他言论类稿件以及专栏作家的稿件进行部门内部讨论之后确定稿件是否使用，然后根据需要对稿件进行编改、删节、校对，最终组稿。

4.校对、排版阶段

在报纸排版前由执行主编主持召开编前会议，保证无重大失误；部门主编安排好自己部门的排版工作；各部门主编必须在排好初版后及时将报纸送给执行主编做终审，同时安排好自己部门版面文章的编辑和校对，并及时汇总，做修改，执行主编发现重大问题必须立即组织召开全体编辑、记者会议，尽快解决失误，同时由美术总监对报纸版式进行把关；经审阅、修改结束后即可印刷，发行部门安排好发行工作。

（三）全媒体数字采编系统

报业在推进数字化建设和媒体流程再造中，加快从主要依赖纸介质出版向多种介质形式传播共存的现代传媒业转变，许多报社采取全媒体数字采编系统。全媒体数字采编系统支持文字、图像、图表、音频、视频等各种类型的新闻信息，实现各媒体、各类型新闻从报题、策划、采稿、编辑、流转、审校到刊发的全流程计算机网络管理，构成全媒体数字复合出版整体解决方案。

全媒体数字采编系统要有互联网思维，加强多渠道新闻发布，除了将签发稿件用于报纸出版外，还可以发到网站栏目、发布到社区网站论坛、博客等，实现报网互动、编读互动。加强采编系统与移动终端设备的无缝对接，记者能及时、快速地将通过手机采集到的文、图、音视频等多媒体稿件和素材传输到全媒体数字采编系统，同时，实现新闻的即采、即编、即发，通过手机发稿，提升了新闻的时效性。

三、新闻纸管理

新闻纸是生产报纸的主要原料，新闻纸的价格影响着报纸的生产成本，同时制约了报纸的经济效益。新闻纸约占报纸生产成本的 70%，在报纸广告不景气的情况下，不少报社也开始思考改变一味地追求发行量的粗放型的发行方式，开始实施"有效发行"策略，在对主体竞争力不造成重大影响的前提下，确保核心市场和区域发行量，逐步减缩边缘市场的发行量，减"量"增效。

（一）新闻纸市场

报纸的广告资源不足和企业广告刊出热情不足，造成广告版面数量继续下滑；传统媒体和新兴媒体的融合发展，报纸版面的压缩将成为新常态，新闻纸使用量将不断下降。在供求关系方面，新闻纸市场严重供大于求，新闻纸产品出现阶段性过剩。报业广告经营下滑导致版面减少，都市报发行量下降等因素，致使新闻纸采购量下降。

（二）新闻纸管理

新闻纸的来源有两种：一种是自己购买的新闻纸，与厂商独立核算，称为集团纸；另一种是代印公司把自己购买的新闻纸送到印务公司，新闻纸的量根据合同规定，按印刷量和标准单位消耗新闻纸量计算，实际新闻纸的节余或短缺均由印务公司负责，代印公司与印务公司只结算除新闻纸外的料工费和利润。

新闻纸在使用时要严格控制印刷车间的温度和湿度，避免纸张产生吸湿现象，纸张吸湿后引起抗张内强度下降，印刷过程中易发生断纸故障。另外，温度和湿度变化会导致纸张的伸缩，影响印刷的准确度。新闻纸的吸墨性很强，印刷后能使油墨迅速吸收固化，适合高速印刷。印刷中，要对油墨的渗透性和黏度等提出要求，以适合新闻纸的特性。新闻纸内含有大量的木素，木素见光后易氧化变黄、变脆，因此，不宜长期存放，也不适合印刷长期保留的刊物。

四、印刷质量管理

报纸印刷质量管理不是单纯的产品质量管理，而是过程和系统的管理。它涵盖了从编辑到印刷的每个环节，涉及工艺、技术、操作、材料、评测、监控和服务等多个方面，包括制版差错控制、印刷差错控制和印刷质量控制几大方面。做好质量管理，要以标准设定目标，以规范指导操作，建立规范的质量管理体系。

（一）从报纸铅排到激光照排的演变

从 15 世纪中期开始，一直到 20 世纪 70 年代，报纸铅字排版经历了一个漫长的发展过程。1450 年前后，德国的古登堡在中国胶泥活字印刷术的基础上发明了铅活字技术，此后铅字逐渐应用于报纸印刷。1815 年，由英国传教士米怜、马礼逊等创办的以中文出版的第一种近代报刊《察世俗每月统记传》，受技术条件限制，采用木版雕印。1859 年，美国传教士甘布林在宁波试制成功电镀汉字模，从此，铅字取代木活字在中国的书报刊排印中得到推广应用。从中华人民共和国成立到 1986 年《经济日报》率先采用激光照排之前，我国报纸编排一直采用铅排。

1987 年，《经济日报》引进感光树脂版印刷报纸，使用华光 III 型出版了世界上第一张采用计算机编辑、激光照排、整面输出的中文报纸。1992 年，北大方正和华光以文图合一、整版输出为特点的彩色报纸编排系统在一些报社应用，我国报纸的编排手段和印刷出版技术基本实现了以计算机为主体的电子化作业，完成了从铅排时代到光电时代的飞跃。

（二）制版差错控制

对印刷企业而言，制版差错控制主要指从接收版面到装版印刷过程中的检查与控制。制版差错可分为两类：一类是报纸编辑错误，属于外部差错；另一类是制版印刷错误，属于内部差错。外部差错虽与印刷企业无关，是报纸编辑排版错误，但最终见报也属报纸质量问题，印刷企业更多地将外部差错的检查当作服务的延伸。

对外部差错的检查主要由制版承担，外部差错主要有日期、文字、图片、压字、压图、版序、合版、文章不完整和缺图缺字等。制版的内部差错是因本环节工作失误可能发生的差错，主要有拼错版序、调错文件（包括报种、版面、版本、日期等）、漏拼中缝、错发颜色（彩色、黑白弄错）、印版差错（异常曝光、图文残缺、图文变形）等。内外差错若在制版过程中未能及时发现，流入下一道工序，增加了差错概率，若印刷环节也未发现，将变成质量事故。

制版差错控制应按流程确定各节点的责任，明确检查和控制的内容，制定相应的规范指导操作，并且建立相应的补救措施。外部差错的管理要针对其特点，结合制版操作流程，设定相应的检查点，规定检查内容和方式。对于内部差错的控制，应分析流程中可能产生内部差错的节点和原因，建立相应的预防和检查措施。整个环节的差错控制还应尽可能地复查，多节点检查才能确保不漏查。特别是当流程发生变化或发现漏洞时，应及时作相应补充。[①]

（三）印刷差错控制

印刷差错主要包括因装版导致的版序、色序错误，以及因操作、设备、材料等导致的差错，如带脏、图文残缺、脱墨、切字等，这些差错若未发现而见报，其后果可能会很严重。印刷环节面对三重差错：制版未发现的外部差错；制版产生的内部差错；印刷自身的差错。

印刷差错检查对象是印版、开机报纸和过程报纸，以检查开机报纸和过程报纸为重点。印版检查为辅助检查，一般不易操作，主要检查版序、颜色及图文异常（曝光异常、图文破损、图文变形）等。开机报纸的检查是重点，其检查内容较多，包括日期、版序、色序、版面颜色、图文完整性、图文变形、标题等。过程报纸的检查重点是控制印刷过程中可能发生的导致图文受损的印刷差错。

印刷差错控制主要通过控制分装版、开机报纸检查、过程操作及预防印刷差错的保养等节点的规范性，对差错进行预防和检查，发现差错后紧急处理，尽可能降低影响和损失。印刷企业需要划分不同岗位差错控制的职责，特别要完善差错发现时的处理措施，杜绝差错报纸入市。

（四）印刷质量控制

印刷质量控制是以报纸印刷质量标准为基础，以让客户满意为目标，对与报纸质量相关联的各个环节进行质量管理，从图片、标题、版面（包括外观）、墨色等方面对报纸进行评定，保证报纸版面的编辑、图片处理、制版、印刷4

---

① 陈静，胡美玲，2015. 新媒体形势下广播电视传媒的经营模式［J］. 新闻传播，（01）：37-38.

个环节的标准性和规范性，让报纸以良好的视觉效果呈现在读者和客户的面前。

国家标准化管理委员会发布了相关国家标准和行业标准，用以规范和提升报纸印刷质量。印刷企业要结合本厂生产设备、技术、工艺的实际，制定各工序质量标准和相应的数据，并加以检测。印刷质量控制对象是印刷机、操作人员和印刷材料。控制内容是探寻印刷机的最佳工作状态，对印刷过程中的操作进行数据化、规范化和标准化，以及寻找合适的印刷材料，并监控其质量。也就是从设备、操作和材料着手，尽可能地稳定印刷环节中影响报纸印刷质量的因素，实现印刷的稳定、标准和规范。

五、期刊生产流程管理

期刊生产流程与报纸有许多相似之处，但生产周期、读者对象、目标市场等也有许多不同。期刊生产流程大体上可以分为以下几个环节。

（1）总体设计。创刊或者改版之前，对期刊的办刊宗旨、目标读者、发行范围、内容风格、装订样式和印刷质量等进行总体设计。

（2）选题计划。选题计划是将一个个选题按照编辑总体构思以一定原则构成的一个系统。选题计划需要根据读者需求与社会需求确定，注意关联性与连续性。

（3）组稿审稿。期刊稿件来源有作者自由来稿，向专家、学者约稿，以及学术会议组稿等形式。在组稿过程中，逐步建立作者群体和网络。审稿中要遵循公平、公正的原则和本刊的特点及学术规范，对稿件提出准确、具体的审稿意见。编辑对终审通过的稿件，需进行必要的文字修改和技术加工。

（4）编排校对。结合文编和美编的设计，重点注意字数核计、版面分配（即页数、栏数的分配）、图片、符号、图表等。校对的内容为检视错字、字体、字级、文句等，校对要严肃认真、一丝不苟，确保差错率不超过万分之二。

（5）版面设计。版面设计针对内页的布局和美工而言。版面设计要考虑字数核算、标题制作、内文分栏、美工留白、图片配置、花边与线条的应用等。其中标题制作包括标题的型式、字级、字体、所占的行数及列数等。

（6）印刷发行。将完稿交付印刷厂，并和印刷厂共同做完稿的检视、印刷的指示，确定无误后，由印刷厂进行制版、印刷的工作。印刷完毕后，编辑部要检阅样刊，如果发现问题，应及时和印刷厂协商解决。

第三节　广播电视生产制作管理

广播电视制作较为复杂，设计科学高效的标准化的产品生产流程对广播电视媒体极为重要，在规范的流程之下，通过科学、合理、有效地进行节目的策划、生产、制作、播出等，可以降低运营成本，提高资源利用效率，扩大节目传播效果。

一、广播制作手段

广播节目制作手段有直播和录播两种。直播节目现场制作，直接播出；录播节目要先制作节目录音带，再经编排进入串联播出。录播节目由主持人或播音员在语言录音室录音，由编辑和录音员在音频工作站或录音机上编辑合成，然后发送到总控制室播出。这种方式的优点是节目安全性好，质量高，可复制、存储、重播，节目安排灵活方便，便于广播节目播出的自动化。其缺点是制作周期长，时效性差。

广播的制作手段包括以下几种：

（1）实况直播。包括热线电话直播和新闻直播。热线电话直播指听众通过电话随意提问，主持人随机应变，及时作答，它使广播听众与传播者直接交流，是广播节目中普遍的直播形式，也对节目主持人的综合素质和把关能力提出了很高的要求。新闻直播有的有新闻稿，有的事先准备了提纲，主持人在提纲范围内进行发挥。

（2）播音录制。录播是一种常用的节目播出方式。80%的广播节目是录播。播音录制的制作方式是：播音员播读撰写好的稿件，进行录音，然后剪辑、制作，交给播出部门播出。播放唱片和把直播节目录制下来重播也属于录播范围。播音录制在录音室和复制室内进行。参与制作的人员有节目编辑、播音员、录音师；制作文艺节目时，还有演员、音响导演等。节目编辑或导演在控制室审听录制效果；录音师负责调音，对音质进行加工处理。

（3）录音剪辑。录音剪辑重在选择素材，是对电影剪辑方法的借鉴和移植。录音剪辑人按照节目的内容和时间要求选择、整理录音素材，重新编排顺序。录音剪辑的要点是选择素材，要把听觉效果好、准确表达内容主题的关键素材挑选出来。

（4）录音合成。广播剧大多采用这种方式。录音合成是把播音的语言录音磁带、剪辑好的录音素材、录制好的特殊的音响效果、背景音乐及现场录音一次性有机混录的过程。录音合成通过多声道调音台进行。多声道调音台的若干个声道同时放音，每个声道联通一个声源，每个声源的放音音量大小和音量高度可分别进行控制；输出端联通录音机，录入哪个声源的声音，由调音台控制人选择和控制。合成后声音的质量要求是人物语言与音响的衔接自然，音量适中，配合和谐，音量大小一致，音色一致，音调一致，节奏一致。

二、电视制作手段

从广义上来讲，电视制作是指制作成电视节目的全过程；从狭义上来讲，电视制作专指后期制作。一般情况下，电视制作包括节目生产的艺术创作过程和技术处理两部分。

电视产生初期，录像机出现之前，采用直播，全电子过程，无法录制。录像机出现之后，外出采访采用便携式录影机，回来要经过冲洗，机械剪片，后期制作复杂、效率低；可以将节目保存在磁带上，提前一段时间录制并存储节目。录像机的出现带动了节目编辑的发展，丰富了视频特效，解决了直播中的多节目源的问题。

电视节目的发展和变化历来与科技发展同步，在电视摄像、制作、传送和播出等设备性能不断完善、技术不断改进的条件下，电视节目质量得到不断提高。电视节目制作虽然有各种不同的方式，但其制作的本质是一样的，区别只是体现在节目信号载体、制作场所、播出方式、设备数量及规模大小等方面。[①]

（一）按信号载体分为影片制作方式、录像制作方式和数字信号

1.影片制作方式

早期的电视节目全部采用电影胶片拍摄和制作，经历过黑白影片和彩色影片两个阶段。影片的清晰度优于录像，图像细腻、柔和，层次丰富。但缺点是摄影和录音通常要分开进行，编辑时声画难以同步，声音制作大部分依靠后期配音，现场声运用很不方便，新闻节目基本上是画面加解说的模式，缺少现场感。而且，影片拍摄后必须经过冲洗加工、编辑和配音合成等阶段，新闻的时效性受到限制。由于无法在拍摄的同时知道画面效果，较难控制图像拍摄质量，所以对摄影师的拍摄水平要求很高。

2.录像制作方式

此方式是指采用摄像机拍摄，将光学信号转变为电信号并以磁带记录制作电视节目的方式，以录像带为基础的录制系统经历了从模拟录像系统到数字录像系统的发展过程。与影片制作相比，录像制作的优点是声画同步，录像机能同步记录图像信号和声音信号，编辑时既可以同时组合原始的声画信号，也可以单独插入新的声音或图像信号，从而能够重组声画关系，并延伸声画的含义，丰富了节目的表现空间。采用录像制作，在拍摄时可以在监视器上同步监测，及时调整画面构图、色彩、光线、声音等效果，保证拍摄质量。

3.数字信号

此方式是以数字摄录机摄取信号，以计算机为工作平台，采用非线性编辑手段制作电视节目的方式。数字录像的优点是可以制作出高质量的图像和声音，可以直接在计算机上通过非线性编辑进行数字后期制作，而且，数字信号可以

---

① 王蕊，李燕临，2008. 电视节目摄制与编导［M］. 北京：国防工业出版社.

大量储存和长时间保存，信号传送可以更加快捷、方便。数字技术的开发和应用几乎克服了模拟信号方式的所有缺点，从摄像、录像、编辑到节目传送、发射、接收的全过程都采用数字信号和数字设备，电视节目制作方式发生了革命性的变化。

（二）按播出时效分为现场直播、录像带编辑

1. 现场直播

对一些重大的、突发性的新闻事件，大型的文艺节目、体育比赛等，常常采用现场直播，节目制作和播出的时间与事件现场时间是同步的，这种方式目前已越来越广泛地被采用。实况直播是电视区别于报刊、电台的优势。实况直播的优势：同步性、现场性、即兴性、参与性。实况直播可以分为现场直播和演播室直播。现场直播主要针对突发事件、重大节日活动，演播室直播主要针对新闻、访谈、教育、综艺等节目。

2. 录像带编辑

此方法是指电视节目采用录像拍摄，经过后期编辑制作后播出。磁带记录技术、电子编辑技术的发展和完善改变了电视节目制作和播出的方式，从原始的直播方式过渡到大部分用录像编辑播出。录像带编辑具有明显的优点，在采用原始素材的基础上，可以组合各种相关的资料素材，包括画面素材和音效素材，还可以加上字幕和各种特效，对节目进行再创作和加工处理，从而对节目编辑方法、完善节目质量产生极大的影响。

（三）按制作场所分为演播室制作和现场制作

1. 演播室制作（Electronic Studio Production，ESP）

通常是指在演播室内用多机拍摄、录像制作节目或现场直播节目的方式。ESP 具有专门建造的拍摄空间（演播室）和制作场所（控制室），并有完备的电视制作系统，通常用于制作和播出常规的电视栏目，如新闻节目、评论节目、谈话节目等。设备主要包括质量较高的广播级摄录设备、光学条件良好的灯光照明、声学条件良好的拾音设备以及高质量的数字特技、模拟特技、动画特技

系统等，加上背景道具的配套完善，制作程序规范，对摄像机位调度、灯光、音响、背景、道具、拍摄对象的表演空间等都可以控制自如，节目质量更易于掌握。ESP 可以边拍边录，与录像合成编辑后播出；也可以即拍即播，或与录像合成直接播出，做到制播同步完成。

2. 现场制作（Electronic Field Production，EFP）

EFP 也可称为"即时制作"，由于 EFP 需多台摄像机拍摄，所以也同"多机摄录、即时编辑"的概念相通。此方式是对一整套适用于电视台外作业的电视设备系统的总称，它是以一整套设备组成一个拍摄和编辑系统，进行现场拍摄和现场编辑的节目生产。一些大型活动、重大事件和突发性新闻经常采用这种方式，使节目更具现场性和真实感。利用 EFP 方式可以在事件发生的现场或演出、竞赛现场制作电视节目，进行现场直播或录播。

（四）按设备数量分为多机制作和单机制作

1. 单机制作

这是指自始至终只用一台摄像机变换不同角度拍摄，节目经过编辑后播出的方式，是在 ENG（Electronic News Gathering）电子新闻采集系统中普遍使用的方式。单机制作的特点与传统的影片制作方式相仿，即前期拍摄，后期编辑。单机制作方式在演播室中采用，可以根据一台摄像机的拍摄需要，精心布置背景、道具、灯光、话筒、人物活动范围，并能方便地进行后期编辑和配音。

2. 多机制作

主要是指使用多台摄像机同时拍摄制作电视节目的方式，摄像的过程就是镜头选择、编辑的过程，录像或播出都可以同时进行。演播室内的节目或一些较大型外景节目的现场制作多采用这种方式，摄像人员各自操作一台摄像机从不同位置和角度拍摄，导演或导播通过视频切换器选择来自不同摄像机的信号，有效地保持现场活动的连贯性，也可以适当地加入已录制好的资料镜头。这个选择和信号切换过程就是对节目进行编辑的过程。

（五）新闻节目制作主要有 ENG、EFP 和 SNG 等

1. ENG（Electronic News Gathering）

ENG 即 "电子新闻采集"，采用便携式的摄录像设备采集新闻，具有小型、轻便、灵活的特点，这种方式是非演播室制作。ENG 的设备主要由摄像机和录像机组成，一般在使用便携式摄录机时采用肩扛等方式，需要时再加上一名记者就可以构成一个流动新闻采访组，可以方便、灵活地深入街头巷尾、村庄山区进行实地拍摄采访。如果能配备小型的微波发射器，就能够在新闻现场直接将节目信号发回电视台，节目经过编辑后播出，也可以做到现场直播。ENG 还具有声画同步、拍摄质量能同步监控、节省胶片成本和更新换代快等优点。ENG 设备在 20 世纪 70 年代已投入使用，在 20 世纪 80 年代中期就已逐步、全面地取代了电视新闻影片制作方式。

2. EFP（Electronic Field Product）

EFP 是指采用多机拍摄和即时切换编辑技术，在事件或活动的现场制作电视节目的方式。与电视台演播室内的制作方式相比，它就像在拍摄现场建立的临时演播室。当然，它的规模要小于真正的演播室制作系统，设备主要包括多路摄像机、录像机、视频切换台、调音台、特技机、同步机、字幕机、监视机以及灯光、话筒等相应设备和用于运载设备、接收和传送信号的电视转播车。这种制作方式强调整个摄制组的协调合作精神，在导播的指挥和调度下，及时对不同对象、景别、角度、技巧、节奏变化、镜头穿插等进行合理安排。编辑现场录制信号的设备通常安置在转播车上，转播车接收到现场拍摄的电视信号，可以即时切换编辑、配置字幕和制作特技效果等，完成现场制作，并将信号传送回电视台进行现场直播，也可以用于录像播出。

3. SNG（Satellite News Gathering）

SNG 即 "卫星新闻采集"，是指利用可移动运载转播车，安装地面卫星发射站装置传送现场拍摄制作新闻节目，被认为是 ENG 的发展形态。设备包括摄录像和编辑设备、小型卫星地面发射站、电视转播车等。在现场新闻采访的同时，只需接通线路、调整天线，就能将视频信号和音频信号直接上连发射到通

信卫星，再由地面电视台通过天线和其他设备接收从卫星下连的信号，就能实现即时播出。通过这种方式制作的新闻节目时效快、传播距离远、范围广，在重大新闻事件和体育竞赛等活动中有用武之地，但费用昂贵。

三、电视节目制作流程

电视节目制作流程主要包括前期筹备阶段、中期摄制阶段以及后期制作阶段。前期筹备要有可操作性，中期摄制要有计划性，后期制作要讲究时效性，要充分体现节目的编排意图，追求节目的最佳传播效果。

（一）前期筹备阶段

前期筹备工作包括节目构思，确立主题、收集相关资料，制定摄制方案，组建摄制组，提出拍摄要求，落实摄制计划。具体包括如下几个方面：

（1）节目构思，确立节目主题、受众、名称、时长以及制作费用，收集相关资料，草拟节目脚本；

（2）主创人员碰头会、写出分镜头方案；

（3）拟订拍摄计划，征求摄制意见，确立摄制形式、经费开支预算以及人员配置，根据节目性质选择导演、演艺人员、主持人、记者，制片部门要确定选择的拍摄场地及后期保障；

（4）各部门细化自己的计划，如签订租赁合同，建造场景道具、图版，征集影片、录像资料等。

（二）中期摄制阶段

中期摄制工作包括如下几个方面：

（1）制订摄制计划表，标明摄制事件的时间表、具体场景、日期；编制分镜头剧本：镜头序列、景别、角度、技巧、摄像机编号、切换钮编号，准备提词器、租赁的设备、移动车、升降臂、布景、道具、美工装饰服装等。

（2）召开摄制会议，导演阐述，讨论布景方案、节目、演员、灯光、音响等。

（3）布置和排演，具体摄制场景由有关摄制人员完成，导演排练演员，音响师测试音响，舞美布景。

（4）节目摄制、直播节目摄制同期进行，预先导演好的节目根据计划进行，执行中进行必要的修改。

（三）后期制作阶段

编辑在后期的合成制作中起着很重要的作用。编辑的主要工作包括根据导演的总体构思对所拍摄的内容进行编排，其中有画面的剪辑、配音、配乐合成以及其他处理（如特技、字幕等）。编辑工作是一个再创作的过程，要掌握图像编辑和运用声画组合的技巧。具体工作如下。

（1）准备阶段：修改脚本、熟悉素材、选择素材、确定风格基调；熟悉场记，包括素材带编号、每个镜头的内容、长度、质量效果，以便编辑时查找及形成虚拟编辑带；读镜：仔细阅读素材，并找出镜头与镜头之间的相互联系；撰写分镜头脚本或编辑提纲。

（2）剪辑阶段：选择素材、剪辑、检查声音画面。剪辑包括粗编、精编、平剪、串剪。粗编就是根据节目表达需要和时长规定，将镜头大致串接在一起，基本完成节目结构形态。精编是对已粗编的节目进行调整、修改和包装，从而达到播出的要求。平剪就是在连接镜头时，上一个镜头的画面和声音同时同位结束，下一个镜头的画面和声音同时同位进入，这是镜头编辑的基础方式。串剪是上下镜头的画面、声音不同时同位转换，比如，上一个镜头的画面结束，而相应的声音却延续至下一个画面内，或者下一个镜头的声音提前进入上一个镜头，在电视艺术节目中加强了上下镜头的呼应和艺术感染力。

（3）编辑合成：配解说、加字幕、配音乐音效、合成播出。①素材编辑，确认素材的入、出点；②特技的运用、字幕的制作；③画面编辑后，可进行初审，判断结构是否合理，段落层次是否清楚，有无错误并修改；④录解说词及所需的音乐，将解说词、效果声、音乐进行混录，并进行音调、音量等处理。

四、不同类型电视节目的制作

（一）电视新闻节目制作

1. 前期准备

电视新闻采访是新闻工作者深入细致的调查研究活动，在采访前要进行理论准备、政策准备、资料准备，还要进行知识、心理以及一些事务性的准备。人物专访、预约采访，在带机采访前还要和被采访者反复沟通。

2. 中期采录

采用"挑、等、抢"的拍摄方法。"挑"，即挑选、选择最佳的画面语言。"等"，即等待最富有表现力的瞬间。"抢"，即不失时机地抢拍新闻报道的镜头。对负面新闻报道，隐性采访也是一种获取新闻素材的重要采访方式。

3. 后期合成

检查素材，整理修订文字稿本，制作新闻标题，配发评论，剪辑画面和声音，将片段组合成一个整体，配解说词与音乐，叠加字幕。

（二）电视纪录片制作流程

1. 准备阶段

纪录片是通过非虚构的艺术手法，直接从现实生活中获取图像和音像素材，真实地表现客观事物以及创作者对这一事物的认识与评价的纪实性电视片。纪录片创作前要对题材进行可行性评估，包括素材来源丰富与否、实际执行的难易度、目标观众、经费来源、未来播放的渠道等。加强数据资料的收集与准备，包括文字数据、影像数据以及声音数据，文字数据来自网络、平面媒体报道、书籍、原始手稿、文件等，除了自行拍摄的影像数据之外，过去已经存在的影像数据可能还包括照片、新闻片、档案数据片、其他影片（含剧情、纪录、动画等），有时也会直接当作影像素材使用；声音数据有时也是重要的元素，如广播录音、原始的录音档案、传统歌谣等。准备阶段还需要对可能的主要角色、相关人物、学者等进行预先访问，对可能牵涉的现实场景勘景。

2. 拍摄阶段

根据脚本或拍摄大纲拟订拍摄计划，开始进行拍摄工作。纪录片的机动性比较强，必须事前做好准备，例如，预计拍摄的场景、天数，访问提纲，需要的器材，影带的数量，甚至包括住宿和用餐的地点，都必须事先做好安排。在拍摄工作大致完成之后，则必须将所有素材进行详细的整理，包括访问稿、拍摄场记、影像、声影数据场记等。素材整理得越详尽，对后续的剪接脚本撰写，以及剪接工作帮助会越大。

3. 后期编辑阶段

后期编辑包括初剪、后制、修片、定剪、影像效果、字幕、旁白、配乐、音效、声音后制。画面编辑时，注意声画合一、声画分立和声画对位等不同声画组合方式，将画面和声音这两大信息形成整体，使画面和声音既有各自的表情特性，又达到声画配合的高度统一。根据动作、情绪、节奏等确定画面剪接点。注意纪录片中的人声（解说词、采访同期声）、音乐、音响的选配和组接以及三者之间综合处理的技巧。音乐选配应注意尽力追求音乐与全片主题、风格的和谐统一。

（三）电视剧的制作

1. 剧本运作

剧本运作有两种方式：制片商式和自由来稿式。制片商式是指制片商先看中了某个题材，然后找作者来写，这种方式很普遍。自由来稿式是指制片人购买别人的剧本，然后请原作者或别人参与创作或修改。一般剧本初稿是由剧作者单独完成的。到修改剧本和定稿时，导演和制片商都不同程度地参与进来，导演制作分镜头剧本，制片人考虑融资方式，包括商业运作和政府投资。

2. 剧组筹建

在剧本基本定稿的同时，开始筹备成立剧组；定导演、演员、摄像等。剧组筹备一般由导演和制片人共同完成，剧组用人在很大程度上受到经济方面的制约。一个剧组由以下部门组成：

（1）编导部门：编剧、导演、执行导演、副导演、场记；

（2）摄影部门：主摄影师1人，副摄影师1~2人，助理摄影师1~2人，灯光师3~4人，录音师2~3人，美工师1~2人，道具师2~3人，化妆师2~3人，服装师1~2人；

（3）制片部门：制片主任1人，制片2~3人，剧务2~3人，后勤若干；

（4）演员：男女主角、主要演员、次要演员、群众演员。

3. 拍摄阶段

拍摄阶段的主要工作如下：

（1）拍摄前的准备。该工作包括下达"导演通知单"，导演召开镜头会议，布置拍摄任务，验收布景，检查化装、服装、道具等。导演要求场记列出分场次表，负责挑选演员的执行导演或副导演则帮助导演把剧本中的所有人物都列出来，然后开始物色演员。摄影师、录音师、灯光师开始同导演和制片主任商量用什么样的设备。美工师和道具师则把所有的内景戏和外景戏都列出来，考虑哪些采用实景拍摄、哪些需要置景。化妆师则考虑每个人物的造型。服装师考虑的是人物的服装。挑选演员和选外景是电视剧拍摄以前最重要的两项工作。

（2）正式开机拍摄。拍摄阶段，电视剧是按场次进行拍摄的，即把发生在同一场景的戏集中起来拍摄。

（3）看样带。导演、摄影师、录音师、灯光师等在每天完成现场拍摄后，要看样带，检查工作情况。

4. 后期制作阶段

后期制作阶段是指在对全剧进行结构设置、对节奏进行最后调整的基础上，经过精修细编、配音响效果、配音乐，然后进行混合录音，制作字幕和添加光学效果，最后完成整个片子的制作。后期制作阶段是导演和编辑对片子进行再创作的最后一个关键环节，其中还包含录音、作曲、乐队、演唱、音响、动画等人员的艺术创作，而不仅是一系列工艺上和技术上的制作程序。

5. 发行阶段

目前，国内电视剧的发行方式有3种：自己发行、委托发行和一次性卖断版权。

五、电视节目的编排策略

电视节目编排是指有机地安排好各节目的播出次序以及每个节目具体的播出时间。电视节目编排策略的两种思路：一是台内各频道之间的节目编排应贯彻整体原则，谋求各频道观众群相加的"和"最大；二是针对台外对手频道的节目编排实行有效的制胜策略，谋求在竞争中赢得最大收益。

（1）匹配原则。制定节目编排策略时应该努力使不同类型的电视节目与人们生活周期中各个阶段相匹配，从而有效地争取观众。

（2）规避性对抗。规避性对抗是指提供一种完全不同于竞争台节目的内容，从而把竞争台的部分观众吸引过来。

（3）架空原则。架空是将一个长节目安排在一个特定时间播出，利用观众对这一节目连续收视的需求，阻止观众转向其他频道。

（4）导入策略。导入策略是指把一个处于强势地位的节目安排在同类目标观众的弱势节目前。

（5）吊床策略。指用两端的两个强势节目把中间一个弱势节目的收视率吊起来。由于观众喜欢吊床两端的强势节目，所以顺带也就把中间的节目一起看了。

（6）沿袭效应。沿袭效应与观众流的概念紧密相连。某一类观众喜欢某一类节目，他们在看完这个节目后，如果后面的一个新节目仍然把他们作为目标观众，那么他们会继续停留在这个频道上。

（7）季播策略。按季节编排播出电视节目能够在迎合观众收视需求的基础上，使观众与电视节目之间形成一种约会意识，培育引导观众的收视规律，与常年栏目相比，可以减少受众收视的疲劳，容易形成收视高潮。

第四节　网络媒体产品生产管理

互联网被称为"第四媒体"，其出现晚于报纸、广播与电视，移动通信技术与互联网相结合，产生了移动互联网，被称为"第五媒体"。网络媒体产品比传统媒体的产品多，大体可以分为网络新闻、网络言论和网络娱乐等。

一、网站的类型

（一）资讯门户类网站

本类网站以提供信息资讯为主要目的，是目前最普遍的网站形式之一。这类网站虽然涵盖的工作类型多，信息量大，访问群体广，但所包含的功能却相对简单。目前，大部分的政府和企业的综合门户网站都属于这类网站，如新华网等。

（二）企业品牌类网站

企业品牌类网站要求展示企业综合实力，体现企业 CIS 和品牌理念。企业品牌类网站非常强调创意，网站内容策划和产品展示体验方面也有较高的要求。企业品牌类网站利用多媒体交互技术和动态网页技术，针对目标客户进行内容建设，以达到品牌营销传播的目的。

（三）交易类网站

这类网站可以把它看成一个网站服务的大卖场，不同的服务由不同的服务商去提供，如淘宝网、拼多多。

（四）互动游戏类网站

互动游戏类网站的投入是根据所承载游戏的复杂程度来定的。

另外，还包括社区网站，如虎扑等；政府机构网站；百度等功能性网站，以及其他综合性网站。

二、新闻网站的类型与管理

我国商业门户网站受到新闻采编权限制以及网络自身特点的影响，它的新闻生产过程不同于传统媒体。商业门户网站的时政类新闻大多来自通讯社、传统媒体和主流官方新闻网站。具体的转载来源主要由商业门户网站与传统媒体和主流官方新闻网站的合作情况而定。根据综合四大商业门户网站的转载情况，主要的新闻转载来源为新华网、中国新闻网、人民网、《环球时报》等。但在实际运作中，几大门户网站都有自己负责采编的记者和编辑，尤其在经济、科技和娱乐新闻方面，这也成了业内的共识。

在管理体制上，自1997年开始，中央就明确国务院新闻办公室作为网络新闻宣传的归口管理机构。2000年4月，国务院新闻办网络新闻管理局成立，负责统筹协调全国互联网网络新闻宣传工作。在国务院新闻办成立了网络新闻管理局之后，各省、自治区、直辖市新闻办也都陆续设立了相应机构，形成了自上而下的管理机制。

三、网络新闻生产流程管理

（一）网络新闻工作流程

按照传统媒体的划分方法，新闻业务流程包括采访、写作、编辑（制作）。但网络新闻所依存的媒介是网络，其新闻制作的环节全部在计算机上实现，这直接导致新闻采访、写作、编辑、发布之间的界限越来越模糊。传统媒体第一次选择的是哪些素材可能成为新闻，而商业门户网络新闻则是在选择传统媒体的新闻成品中进行选择，进行第二次选择和传播。除此之外，一些官方网站、电视台、电台已播出的内容、翻译的外稿以及嘉宾聊天、会议都是新闻网站的新闻源。新闻网站开设的博客、播客与微博等功能，也间接地提供了一些信息源。

新闻网站与综合性传统媒体有着大致相同的功能设置，如按照新闻种类划分的不同部门，如新闻中心对应时事新闻部门，财经中心对应经济部门，文教中心对应报社的文化娱乐部门等。网络新闻既有一般意义上的对基于单条消息的新闻选择，又有新闻信息的整合和再发掘，以及一些特殊的新闻生产方式，如嘉宾聊天、会议专题等。网络新闻产品的形态多样。在新浪网上，最终产品主要分为两大类：新闻类和信息类，新闻类有财经、科技体育、娱乐等频道，信息类有游戏、读书、旅游等频道，有时两者也有交叉。在具体的形式上，有文字信息、图片、视频音频节目、新闻搜索、滚动新闻、实时新闻排行榜和要闻回顾等。[①]

对稿库里数万条新闻信息，网络编辑需要快速选择出重要的、适合网站报道理念的、易吸引受众的新闻，并进行编辑和发布，如重新制作标题、配图以及选择发布的位置，有媒体将这种生产视为信息的二次批发商。新闻转载是门户网站新闻制作过程中的一个重要方面，每天的时政类新闻都来自合作的通讯社、传统媒体及其他新闻网站或主流官方新闻网站。

（二）网络媒体编辑部的架构和工作分析

网络媒体一般在新闻中心设置不同的层级，分别是总编辑、总监、频道主编、高级编辑、编辑和助理编辑。总编辑负责控制整个网站新闻报道方向、内容和质量；总监负责监控部门所属频道内容定位及质量；频道主编负责监控频道整体内容质量，随时调控要闻重点等；高级编辑负责处理频道重要新闻，修改频道要闻，制作专题，必要时行使主编职权；编辑负责一般新闻发布，协助制作专题；助理编辑负责协助发布新闻和新闻处理制作等。

虽然对网络编辑而言，编辑的稿件是其他媒体的作品，但也有一个新闻报道中最重要的真实性、鉴别、编辑、挖掘和重新组合的过程。网络编辑自身的新闻专业素质、业务水平甚至职业道德理念在很大程度上决定着新闻的形态和

---

① 沈毅，罗子明，林刚，2009. 传媒的经营与经济文化信息的传播 [M]. 沈阳：辽宁美术出版社.

质量。虽然网络编辑自身并不采写新闻，但是对新闻的选择、标题的制作以及配图、放在页面的位置都会产生很大的传播影响力。网络编辑工作的主要环节为选稿、编改、推介、整合。

（1）选稿。选稿是从新闻来源即媒体和网站中的大量新闻稿中选择符合网站及栏目定位的富有新闻价值的转载或者自采新闻，一般新闻选择的标准主要是要符合政治、法律规定和道德规范，在此基础之上，根据新闻价值标准进行判断。

（2）编改。编改的主要目的是对新闻的标题和内容进行再次加工。大部分的新闻标题都会经过商业门户网站的修改，这是为了适应商业门户网站作为网络媒体的传播特性以及吸引受众注意，达到更好的传播效果。对新闻中内容有差错或字词错误时，编改的过程中应当加以修正、删除或增补。选择相应的新闻图片或音频、视频，调整新闻版式，有时还要加入新闻背景和相关新闻的资料或链接地址。

（3）推介。推介是网络编辑根据新闻的特点和重要性，选择推荐的手段，让受众能够更快地发现并浏览某些新闻，如设置新闻弹窗、把推荐的新闻放于某栏目的显要位置、置于网站主页或头条。根据新闻的时效性，不断补充、替换新的新闻。

（4）整合。整合即根据新闻的内容，把不同种类的新闻进行归类，把相关的新闻整合进一些策划的专题中，使受众能够轻松地阅读到更多、更全面的信息。整合是内容发布的层次化和整体化的结构形式，包括 3 个层面：微观层面的整合，以超链接为主要表现形式；中观层面的整合，以新闻专题为主要表现形式，即策划新闻专题与组织报道；宏观层面的整合，以频道、栏目及网站的整合为主要表现形式。综上所述，就是要将众多条新闻报道进行归类整合，形成若干大类，构成新闻专题或新闻栏目。

四、其他网络传媒产品的生产管理

除了时事新闻类之外，还有许多其他的网络传媒产品，例如，从传播内容来看，可以分为网络言论类、游戏娱乐类、教育培训类、生活购物类、电子商务类等，从产品形态来看，又大致可以分为文字、图片、视频等不同形态。

网络言论是网民通过微博、微信、博客、BBS、网络社区等发表关于一般公共事务的言论与看法，包括网络评论专栏、网络即时评论与网络论坛言论等形式。网络言论具有互动性、平等性的特点，没有传统意义上的"把关人"，通过媒体网站或者网络内容提供商（ICP）平台发布信息、发表观点。网站作为网络言论的平台提供者，可以设置版主，对网民的言论适当把关，版主认为精彩的可以置顶，认为有违反国家法规或"公序良俗"的应及时删除。游戏娱乐类产品是网络传媒产品的重要形态，包括网络游戏、电影和音乐等。2022年，我国网络游戏市场规模达2658.84亿元，用户有6.64亿人。网络游戏需要游戏开发商、网络运营商（中国电信、中国移动、中国联通等）、游戏运营商、硬件设备商、游戏销售商等开展合作，游戏开发商根据市场与受众的需求开发网络游戏产品，网络游戏运营商通过自主开发或取得其他游戏开发商的代理权运营网络游戏，以出售游戏时间、游戏道具或相关服务为玩家提供增值服务和放置游戏内置广告，从而获得收入，如网易、腾讯、完美时空、米哈游等网络游戏运营商。网络游戏运营商从硬件设备商处获得以专用游戏服务器为主的设备，并与网络运营商建立合作关系，通过服务器接入网络，使游戏在网络上运行。

网络是虚拟空间，但是又与现实生活密切相连，要严厉打击网络上的违法犯罪活动，例如，通过网络传播谣言、网络敲诈勒索、网络色情暴力、网络黑公关操纵舆论、网络泄露个人信息等，需要推动网络法治建设，构建网络文化管理新格局，切实维护网络安全。

参考文献

［美］艾尔·努哈斯，2000．传媒业的创新经营［M］．李瑞珺，李淑珺译．北京：宇航出版社．

［美］戈尚，2010．电子媒介管理与商业运营战略［M］．陈积银，张纯，付俊译．北京：清华大学出版社．

陈兵，2008．媒介品牌论［M］．北京：中国传媒大学出版社．

陈朝芳，2014．浅谈传媒公司多元化经营财务管理［J］．财经界，(23)：186-187．

陈静，胡美玲，2015．新媒体形势下广播电视传媒的经营模式［J］．新闻传播，(01)：37-38．

陈敏直，王贵斌，成茹，2011．媒介管理［M］．西安：陕西人民出版社．

邓国超，2019．传媒产业培育市场经营主体的路径研究［M］．贵阳：贵州人民出版社．

范春艳，2014．传媒经营与管理新论［M］．北京：光明日报出版社．

郭慧，2020．媒体融合背景下传媒企业经营管理模式分析［J］．新闻论坛，(03)：124-125．

韩晓宁，2018．国际传媒集团经营发展与战略转型［M］．北京/西安：世界图书出版公司．

季宗绍，2010．传媒经营与管理［M］．南京：南京师范大学出版社．

李晓宏，2012．传媒公司多元化经营财务管理浅析［J］．时代金融，(30)：29-30．

李子杰，2020．新媒体形势下广播电视传媒的经营模式分析［J］．传媒论坛，3(14)：53．

林建国，2021．传媒企业在新媒体环境下媒介经营与管理的转型分析［J］．中外企业文化，(10)：118-119．

骆正林，2008．传媒竞争与媒体经营——传媒经营与管理研究［M］．北京：中国广播电视出版社．

潘可武，2015．媒介经营管理：创新与融合［M］．北京：中国传媒大学出版社．

钱晓文，2014. 当代传媒经营管理［M］. 广州：中山大学出版社.

沈毅，罗子明，林刚，2009. 传媒的经营与经济文化信息的传播［M］. 沈阳：辽宁美术出版社.

隋适，2011. 传媒发展之路与媒介管理人才培养［J］. 知识经济，(01)：8-9.

屠忠俊，吴锋，2013. 传媒经营管理［M］. 北京：北京师范大学出版社.

王军峰，2020. 创新经营模式 推动媒体融合［J］. 声屏世界，(17)：1.

吴锋，陈伟，2004. 报纸发行营销导论［M］. 上海：复旦大学出版社.

肖叶飞，2016. 传媒经营与管理［M］. 合肥：中国科学技术大学出版社.

肖叶飞，2017. 媒介融合与媒体转型［M］. 芜湖：安徽师范大学出版社.

邢飞，孙乐祺，2023. 大众传媒市场营销渠道管理研究［J］. 现代营销，(上旬刊)(05)：162-164.

严三九，刘怡，庄洁，2012. 媒介经营与管理［M］. 武汉：华中科技大学出版社.

颜景毅，2009. 传媒广告经营与管理［M］. 郑州：郑州大学出版社.

张建星，2005. 传媒的运营时代——从媒体经营到经营媒体30讲［M］. 上海：文汇出版社.

张君昌，2003. 超媒体时代——新世纪电子传媒经营与创新［M］. 北京：新华出版社.

张君浩，2014. 新视阈下传媒组织经营管理问题研究［M］. 北京：光明日报出版社.

张芹，杨尚聘，2009. 新闻媒介经营管理［M］. 武汉：华中师范大学出版社.

张养志，2021. 传媒经济学［M］. 北京：文化发展出版社.

张志安，柳剑能，2004. 媒介营销案例分析［M］. 北京：华夏出版社.

赵伊蕾，2014. 数字技术对传统媒体产业经营管理的影响［J］. 西部广播电视，(15)：78.

支庭荣，2009. 媒介管理（第3版）［M］. 广州：暨南大学出版社.

周鸿铎，2000. 传媒产业经营实务［M］. 北京：新华出版社.

周鸿铎，2003. 传媒产业经营与管理［M］. 北京：经济管理出版社.

周洁，2021. 媒体融合背景下传媒企业经营管理模式研究［J］. 内蒙古煤炭经济，(06)：91-92.

周鸥鹏，2012. 传媒经营与管理（第2版）［M］. 郑州：郑州大学出版社.